Der Verkaufsmensch

Widmung

Dieses Buch widmen wir allen fairen, innovativen und ehrlichen Verkäufern und deren Kunden, die das erkennen. Also denen, die ihren Traum leben können. Obwohl wir an alle Gesellschaftsgruppen dachten, ist der Verkaufsmensch für Entscheider unerlässlich, da es hier um einen Wissensvorsprung geht. Wenn Sie Fragen haben, sind wir so weit weg wie der nächste Computer. Sie können sich auch gerne an 25000 Trainer (neudeutsch Coach) wenden. Uns geht es aber um Fakten. Ihnen von Herzen eine schöne Zeit. Und Chancen für unser Deutschland, durch innovativen Vorsprung im Wissen. Wissen ist nach wie vor Macht.

P.S: Ich kann halt nur die Wahrheit sagen und streng zu mir selbst sein sowie über meinen Tellerrand schauen. Schauen Sie mal durch meine Fenster.

Ihr Dienstleister
Alexander Ramrath

Alexander Ramrath

Der Verkaufsmensch

Wie funktioniert Verkauf?

Bibliografische Information der Deutschen Nationalbibliothek
Die Deutsche Nationalbibliothek verzeichnet diese Publikation in der
Deutschen Nationalbibliografie; detaillierte bibliografische Daten
sind im Internet über http://dnb.d-nb.de abrufbar.

Alexander Ramrath
Der Verkaufsmensch
Wie funktioniert Verkauf?

Berlin: Pro BUSINESS 2011

ISBN 978-3-86386-050-9

1. Auflage 2011

© 2011 by Pro BUSINESS GmbH
Schwedenstraße 14, 13357 Berlin
Alle Rechte vorbehalten.
Produktion und Herstellung: Pro BUSINESS GmbH
Gedruckt auf alterungsbeständigem Papier
Printed in Germany
www.book-on-demand.de

book-on-demand ... Die Chance für neue Autoren!
Besuchen Sie uns im Internet unter www.book-on-demand.de

Inhalt

Munteres Chaos, also Durcheinander, um Sie zu vergnügen, anstelle eines Romans, der mich selbst lobt. Das kommt dann im zweiten Buch.

Vorwort

Ich spüre ihn in vielen kleinen Dingen: Den Aufbruch zu einer neuen Ehrlichkeit. Ob es das Fitnessstudio ist, welches zu fairen Preisen auch noch Kurse und Getränke inklusive anbietet oder der Verkaufsmensch, der ein fairer Makler für den Kunden ist.

Lasst uns die Welt neu gestalten.

Kapitel 1

Was ist ein Verkaufsmensch?

Ein guter Verkaufsmensch ist nicht der, der á la Loriot dem Kunden eine zu kurze Hose verkauft und mit seinem Umsatz glänzt, bei dem der Kunde sich letztendlich aber verkauft fühlt.

Ein Verkäufer hat die Möglichkeit, sich zu verbessern und als Person begehrt zu sein.

Unser Bestreben ist es, solange wie möglich in diesem schönen Beruf des Verkaufens zu leben, weil andere Lebensentwürfe uns nicht so locken.

Ein Beruf ist das Rückgrat des Lebens (Friedrich Nietzsche 1844-1900).

Obwohl ein Verkaufsmensch offen und freundlich ist, wird er kein Sektenmitglied. Die Äußerlichkeiten sind bei jeder Person und jedem Landstrich etwas anders, wobei ich mich immer wieder erschrecke, wie viel eine Krawatte ausmacht.

Als Mensch, der den Verkauf lebt, dürfen Sie kein „Motivationsloch" sein, sondern sollten Sie die wahre Lebensfreude widerspiegeln.

Wenn jemand merkt, dass er auf Dauer keine Luft verkaufen kann, sollte er auf z.B. Motorradverkauf (also Produktverkauf) umschwenken.

Übrigens gibt es in New York eine Bar, wo keine Krawatten erlaubt sind, weil die Herren für ihr schlechtes Verhalten bekannt sind.

Ein Verkaufsmensch fragt, ist es möglich, Crêpe in der Mikrowelle herzustellen. Nachdem sich Spannung beim Gegenüber aufgebaut hat, pinselt man den Glasdrehteller mit Butter und gießt den Teig auf den Glasteller. Nach ein bis zwei Minuten bildet sich schon eine Crêpe.

Kapitel 2

Verkäufer- kein Schimpfwort, sondern ein Name, der adelt

Sofern du recht tust und niemanden scheust, schäme dich nicht, dafür Geld verdienen zu wollen.

Schäme dich nicht dafür, Menschen den bestmöglichen Rat geben zu wollen.

Jeder, egal wie alt und welcher Denkweise, möchte sich verkaufen, möchte geachtet leben.

Selbst der Mönch, der sich mit Leim langsam konserviert und tötet (Mönche in bestimmten Klostern im Himalaya), findet sich besser als andere. Es ist also interessant, während der Arbeitszeit Menschen und Abläufe kennen zu lernen, sowie gefragt zu sein. Daraus ergibt sich eine Grundströmung, die Sie in Begeisterung und Überzeugung gießen sollten.

Und der Verkäufer, für überflüssig hält, hat nicht begriffen, dass Sicherheit und Arbeitskraftbedarf, sogar sein Schuhkauf, von Verkaufsprozessen abhängt.

In diesem Buch möchte ich nicht theoretisieren, deshalb bleibt Manches ungesagt, sondern mit Beispielen aus der Praxis Verschiedenes erklären.

Wobei ich fragen möchte: Ist es möglich, Eis zu frittieren? Ja, wenn man die Eiskugeln zuvor in Kokosnussraspeln (gegebenenfalls mehrfach) paniert.

Kapitel 3

Was ist Verkauf?

Ist es der Lehrer, den Sie ins Cafe fahren, ihm alle Fragen beantworten, sogar einladen und wegen ihm den nächsten Termin absagen und der Sie dann beim nächsten Kontakt wie einen Aussätzigen behandelt und belehrt? Oder der Termin, bei dem zwar zurzeit nichts machbar ist, aber …?

Das Erste ist im Konto Erfahrungen und Disziplin zu verbuchen, das Zweite auf dem Konto „die Zeit ist noch nicht reif, aber es war mir ein Vergnügen". Deshalb sollte man Disziplin üben und Statistiken führen, aber sich über jeden menschlichen Kontakt freuen. Das heißt, das Januarloch gibt es nicht. Es sei denn, Sie schauen nur noch „ Ich bin ein Star, hol´ mich hier raus" und sind tagsüber müde.

Kapitel 4

Statistiken und Protokolle

Statistiken - meine Lieblingsstatistik ist die, die ich selber fälsche.

Doch mal im Ernst. Man kann Pro und Contra statistisch begründen. Am liebsten habe ich das Jahresrad, das in 12 Speichen unterteilt ist, also leicht Mankos in Monaten aufdeckt.

- Skizze/Tagesprotokoll (senkrecht angelegt) sollte folgendes enthalten:

Wochentag-Datum - Termine gemacht - Termine besucht – Wiedervorlage - Nicht angetroffen – KI (kein Interesse)– Arbeitszeit - Orga

- Prioritätenliste:

Nach Wertigkeit A, B oder C geordnet und mit Zeitraumangabe

Diese einfache Liste ist nicht zu unterschätzen. Sie wurde sogar für viel Geld verkauft.

- Das Fünf-Konten-System (War ursprünglich Verkaufsmittel und ist heute hilfreich).

1. Konto: privat kann auch mal im minus sein= Girokonto
2. Konto: Geschäft
3. Konto: Steuern
4. Konto: Rücklagen (Tagesgeldkonto)
5. Konto: Altersvorsorge

Ach ja, Statistiken. Sie sollten nicht dazu führen, dass man sagt: Hättest du, würdest du und tätest du (aus dem Kölschen übersetzt). „Denn wer die Hölle fürchtet, fährt hinein." (Martin Luther)

Kapitel 5

Win-Win-Situation

Als Dienstleister tue ich viel für meine Kunden, die ich wie Freunde behandle. Es gibt zwar den Kontakt mit einem Kunden, der nur ein Produkt will und nicht mehr, und auch die Millionärin, die sich über für sie angelegte übersichtliche Ordner freut, ohne dies mit einem Verkaufszwang zu verbinden.

Der Kunden, dem klar wird, dass die 20.000 € von der vermittelten Gesellschaft übernommen werden, freut sich und beide sowohl der Verkäufer und der Kunde sind Gewinner.

Oder der Mensch, der anruft und fragt: „Sind Sie der Sohn von Hubert Ramrath? Dieser habe ihn damals richtig beraten und das müsse ich wissen."

Wenn es dem Verkaufsmensch nicht ge-
ein richtiges Angebot zu platzieren,
der Verkäufer UND der Kunde.
Win-Situation ist anzustreben.

sich darstellen, bleibt Ihnen über-

Formulierungen (Keep it short and
e)

Win-Situationen gibt es auch mit
ergieeffekten. Damit ist nicht gemeint:
er Bauchladen geht auf, sondern der
Freund und Kollege im Allgäu. Er ist ein
spezialisierter Makler, und seine Frau ver-
treibt besondere Getränke und Lippen-
stifte. Der Makler-Kunde bestellt Energy-
Drinks. Die Lippenstift-Kundin lässt sich
beraten über Geldanlagen. Dieses ver-
zahnte Auftreten kann Routine mit sich
bringen, die ja bei Außendienstler nur
willkommen ist. Netzwerke sind also etwas Gutes, sie sollten nur nicht die Lust
am Verkauf unterspülen.

Wenn sich zwei Erfolglose zusammen tun, kann das so gehaltvoll wie Sellerie sein (Sellerie hat weniger Kalorien als man beim essen verbraucht). Frische Erdbeeren und grüner Pfeffer ergänzen sich hingegen ideal zum Eis- Dessert.

Kapitel 6

Verkaufsabläufe

Natürlich gibt es Verkaufsabläufe und manche Wissenschaft ist hilfreich. Siehe das offene Portemonnaie beim Brötchenkauf. Das Entscheidende ist aber, mit dem Kunden die Weichen zu stellen, also uralte Verkaufsregeln wie: „Sei gleich mit dem Kunden."

Er mag, wenn kein Verkauf stattfindet, Sie am Stammtisch auslachen, aber gelacht werden darf über den Verkäufer und ihn.

Der Schwerpunkt im Verkauf liegt bei uns in der ganzheitlichen Beratung, hauptsächlich im Vorsorgebereich, weil wir damit den ersten Kontakt hatten.

Natürlich gibt es z.B. den Rechtsschutzversicherungsverkäufer, der genauso gut verdienen kann, weil das Wichtigste aus seiner Sicht die Rechtsschutzlage ist. Nur der rechts-schutzlastige Vertreter hat zwar viele kleine Verträge, was die Gesellschaft freut, aber das Problem ist der Körper, nicht die Luxusstreitigkeit.

Es gibt bestimmt Viele, die es besser als ich verstehen, sich z.B. als Partylöwe darzustellen, durch den und mit dem man Freiheit und Spaß haben kann. Sollte für den Kunden dann noch die Perspektive hinzukommen, mit dem Partylöwen alt zu werden, ist der Verkauf perfekt.

Ein System ist also von Vorteil. Und wenn es darin besteht, über Unfallversicherung zu sprechen und Berufsunfähigkeit zu verkaufen.

Der Markt ist immer im Wandel. In der Zukunft werden neue Produkte sinnvoller und nutzbringender. Zum Beispiel Rente gegen das Haus mit Wohnrecht, die sog. Wohnrente.

Kapitel 7

...Sache

...en Kapitel werde ich noch
...ertriebe eingehen. Ich lebe
... von Geldgeschäften. Ich
...ine Sache nicht: Warum ha-
...roße Banken einen super
...e kriegt beim Eintreten eine
...nd ist froh, dass man mit

...lesbürger/
liebe Bundesbürgerin:

Wenn Dir im schicken Ambiente jemand
gegenüber sitzt, der so und so viel von dem
Produkt verkaufen muss, gehst du nicht
mit dem Besten für Dich, sondern mit dem
Besten für den Konzern wieder heraus.

PS: Das kann Dich deine Existenz kosten.

Als guter Kunde machst du die Hypothek doch bei deiner Hausbank. Ist dir eigentlich klar, dass sich dein Kreditrahmen reduziert? Was besonders für Selbständige gefährlich werden kann. Banken erfüllen heute ihre marktwirtschaftlichen Aufgaben nicht mehr in erster Linie. Ja sie sind zuerst Aktionären und sich selbst- also Vorständen zugetan.

Darüber hinaus finde ich es unmoralisch, wenn man mehr als - sagen wir mal - 15 Mio. € besitzt, ohne Soziales zu tun. So wie der Sprössling mit etwas Geld Landstreicher dazu bringt, sich zu entwürdigen, indem er ihn auffordert, sich mit Bier zu begießen.

Einige Wissenschaftler sind der Meinung, dass großer Reichtum nicht nur große Verantwortung mit sich bringt, sondern auch unmoralisch ist. Wir müssen weg vom dem Spekulieren und dass Andere für uns arbeiten sollen.

Unmoralisch ist, wenn Hersteller von Mais, von Gen-Mais und Chemie abhängig sind. Und der Gewinn mit Spekulationen gemacht wird.

Karl Marx hat spekuliert und ohne die durch Kapital erworbenen Gelder Engels wäre er nicht durchgekommen. Der Kommunismus ist also auch nicht die Alternative schlechthin (siehe Animal Farm von George Orwell).

Also versuche ich im Kleinen Gutes zu bewirken. Ich tue etwas Soziales, auch für mich. Denn sollte ich scheitern, koste ich auch Geld. Dabei versuche ich stets den Nutzen für den Kunden in den Vordergrund zu stellen. Also das Loch in der Wand und nicht den Bohrer.

Glücklicherweise sind meine Frau und ich heute freie Makler mit besten Verbindungen, so dass dem Kunden nur selten gesagt wird: Das können wir nicht.

Außerdem gehört es zu meinem Naturell, dass Kunden, die zunächst nicht abschließen wollen, doch zu Kunden werden. Ein Verkäufer sollte keine Angst vor dem Wort Nein haben, weil das heißt: Noch eine Information nachreichen, aber bitte nicht dumm und dreist. Es geht hier um Geschäfte. Sollte nur ein einziger Gedanke bei Ihnen hängen bleiben, so bin ich mir sicher, ist das so gewinnbringend, wie manches Zwei-Tage-Seminar. Zumal Sie mich jederzeit weglegen können. Und wieder zur Hand nehmen können. Seien sie ein guter Zuhörer, freuen Sie sich an ihrem Vorsprung. Vernetzen Sie sich, mit mir. Denn gute Kaufleute machen die Zeit und das Interesse aus. Kontakte machen die Zukunft in unserer Marktlage.

Unser Wirtschaftserfolg liegt im Mittelstand. Selbst wenn es vielleicht bald nur Arm und Reich geben könnte, sollten Sie auf der Habenseite stehen. Der Verkaufsmensch möchte die Antwort geben wie das auch anständig gehen kann.

Kapitel 8

Kunden ausnutzen?

Sollte ein Verkäufer stets das Größte aus der Zugänglichkeit des Kunden rausholen? Nach dem Motto: Eigentlich steht einem bedeutenden Menschen ein besseres Produkt zu. Ich sage: Nein.

Aber Verkaufsabläufe sind legitim, weil der Kunde auch an seinen Vorteil denkt und so handelt. Es ist leichter, von einem hohen Preis runter zu gehen, als von einem niedrigen hoch.

Man kann auch die Einsteigerlösung, also 2/3 anbieten. Wie viel ist Ihnen dieser Schutz, dieses Notkapital monatlich wert?

Überholt finde ich den Kunden mit W-Fragen führen zu wollen, die Ja-Straße ist ebenso unangenehm. Mit der Ja-Aber-Strategie wird heute noch gerne verkauft. Und „Verstehe ich nicht" wird ebenso gerne angewendet. Dass gute Laune mit Geld nicht zu bezahlen ist, im Verkauf ist eine Tatsache. Dass die Ausstrahlung mehr wert ist, als manche Verkaufsmasche, ist oftmals in Vergessenheit geraten.

Leben Sie „Wer später kommt, darf früher gehen." doch einmal aus. Lassen Sie sich Ihre gute Laune bezahlen, und Arbeiten Sie nicht zu viel auf Nebenkriegsplätzen, so dass der Kunde, durch Sie Spannung erlebt. Dass er am liebsten sagen möchte: „Bin auch ich berufen, ihr VIP- Kunde zu werden."

Stellen Sie den besten Champagnerschaum her, in dem sie Prosecco verwenden (wegen der Säure), also die bestmögliche Anwendung für Ihren Kunden ermöglichen. Innovation und Fachwissen für Ihre Mitspieler. Machen Sie sich unentbehrlich. Letztlich müssen Sie den Kunden nicht ausnutzen, weil Sie gut aufgestellt sind.

Kapitel 9

Verdient der Kunde zu wenig?

Viele im Verkauf sagen, dieser Kunde verdient zu wenig für meine Lösung, sehen aber nicht, dass Zigaretten und Mobilfunktelefonausgaben des Kunden zu hoch sind.

Kunden und Angebotssammler.
Das Gleichnis: In einer Pizzeria die Speisekarte zu verlangen, um beim Mitbewerber auf der gegenüberliegenden Straße nachzufragen, ob es besser ist bei ihm die Gnocchi zu essen, finde ich genial.

Und dass es den richtigen Moment für das richtige Geschäft nicht gibt, zeigt sich, wenn man bedenkt, in jungen Jahren reicht ein geringer Zinssatz und Gesundheit, um eine Versorgungslücke zu schließen. Später ist es auch nicht recht, aber man braucht schon einen höheren Prozentsatz und die Gesundheitsfragen werden auch nicht besser. Irgendwann wird die Zeit fühlbar immer kürzer und damit nimmt die Sicherheit ab, am Ende ein hohes Kapital zu erwirtschaften.

Denn Sicherheit und ein hoher Zinssatz schließen sich bei Geldgeschäften gegenseitig zwar nicht immer aus, wobei Sicherheit definiert werden muss. Mein Vorgesetzter im Strukturvertrieb sagte immer gern: „Entschuldigen Sie, finanztechnisch gesehen sind Sie bekloppt."

Gerne wird auch die Arbeitskraft als Geldmaschine bezeichnet und wenn man nur einmal etwas versichern kann, sollte es diese sein.

Schlüssige Argumentationsketten sind toll. Ein Akademikervertrieb hat schon vor Jahrzehnten das Nicken für sich entdeckt.

Generell gilt: die Jugend ist verschwendet an die Jugend. Zu viele Jahre wusste ich nicht was ich wollte und brauchte.

Vielleicht ist es in Schulen sinnvoller, die Schüler aufs Geschäftsleben vorzubereiten, als Hartz-4- Anträge auszufüllen.

Wobei ein Antrag wie beispielsweise eine günstige Erwerbsunfähigkeitsversicherung besser als keine ist und keine unterschwellige Angst vor der Zukunft regieren muss.

Verkaufen oder Über´s Ohr hauen

Wenn in Werbespots Creme beworben wird und die Kundin im mittleren Alter wissen muss, dass alle Falten wegretuschiert werden mag das juristisch richtig sein. Von Ethik will ich erst gar nicht anfangen. Wohl aber von Zwängen, die aufgebaut werden. Durch Solche wird mehr in Frage gestellt als man zunächst denkt und mehr Missmut gesät als aller Verdienst rechtfertigt.

Kapitel 10

Suggerieren

Man kann auch dem Kunden nur etwas suggerieren. Dies trägt aber die Gefahr in sich, dass der Kunde sich nicht angenommen fühlt.

Man sollte den Kunden auf die heiße Herdplatte setzen, dann kann man ja zur Toilette gehen.

Zum Abschluss der AHA-Effekt. Sagen Sie immer wieder AHA. Bei Eckpunkten kann sich beim Kunden ein AHA-Effekt einstellen. In manchen Gegenden sagt man NU anstelle von AHA.

Doch beachte: auch bei noch so schönen Gesprächen und noch so schönen Lösungen: Ein brennendes Haus kann man nicht versichern.

Kapitel 11

Gesundheitsfragen müssen genau beantwortet werden

Oft sehen wir draußen, dass von Mitbewerbern dies nicht getan wird.

Ein guter Freund von uns hat einen Arm nur noch runterhängen. Er konnte im Berufsunfähigkeits-Fall verwiesen werden.

Hierzu gibt es leider genug Beispiele die erklären, dass guter Rat teuer ist. Man kann als Verbraucher sagen, ich habe diese Vorerkrankung, also macht ein Berufsunfähigkeits-Schutz für mich keinen Sinn. Ich bin zwei Mal aus meinem Beruf gekegelt worden. Und das Eine hatte mit dem Anderen nichts, aber auch gar nichts zu tun.

Man kann den Leuten immer nur vor den Kopf schauen. Eine Geschäftsfrau sitzt mir in Greven arglos gegenüber. Ich merke nicht, dass sie den Empfehlungsgeber, meinen Kunden, vor zwei Tagen ermorden ließ, weil sie nicht bereit war, ihn auszuzahlen.

Hat der Mann, der nach einem schweren Motorradunfall keinen Zuschlag in der Krankenversicherung bekommen hat, sein Leben an Geldsucht verloren?

Es ist kein Fehler, wenn der Kunde den Antrag selbst ausfüllt. Wenn er sogar Blut gelassen hat, ist er eher an den Antrag gebunden. Im Nachhinein verkauft er sich selbst die Versicherung.

Kapitel 12

Irritation

Natürlich war ich irritiert. Tausend mal. Aber ich konzentriere mich auf meine Kernkompetenzen, mein Tagesgeschäft.

Man sollte sich auch gut überlegen, ob man Freunde und Verwandte belästigt, weil auch das zu Irritationen führen kann.

Die Kontakte im Internet werden immer Lebensersetzender. Auch hier ergibt sich das ein oder andere Geschäft. Des Weiteren vermischt sich Arbeit mit Freizeit sogar Hobby. Es zählt nicht wie oft man hinfällt, sondern wie oft man aufsteht, und guter Dinge ist.

Irritation: Was ist mein Unternehmen wert?

Ein Taxiunternehmer aus dem hannoveranischen Raum hatte Verträge zur Beförderung von Kranken. Er wollte sein Unternehmen gewinnbringend verkaufen. Von heute auf morgen fiel die Beförderungsgarantie weg. Somit auch sein Goldesel.

Leo Kirch stand für ein Medienimperium und für den Gewinn und Verlust von Macht. Er stritt bis zu seinem Tod mit der größten Bank, die seiner Meinung nach für die Zerstörung seines Lebenswerkes verantwortlich war. Anzumerken ist, dass er nicht der Einzige war, der den Regenschirm nur im Sonnenschein bekam.

Kapitel 13

Und hier etwas Uraltes, was sich auch Alte Hasen anschauen sollten:

- Mein Ziel
- Mein Rückzugsziel
- Benötigte Unterlagen
- Gesprächseröffnung
- Gesprächsthema
- Was könnte der Engpass sein
- Mein Lösungsvorschlag
- Erwartete Einwände
- Einwandsbehandlung
- Stärke 1,2,3
- Gesprächsdauer
- Ergebnis
- Wie geht es weiter?
- Haben wir nix vergessen?

Das, gepaart mit einer natürlichen Begeisterung für das Gespräch mit Menschen, und Sie sind erfolgreich! Daraus ergibt sich Überzeugung.

Kapitel 14

Überzeugung

Ich meine nicht den Telefonverkäufer, der Südländer ist, mit Gold um den Hals, als würde er zum A-Team gehören, der mit tiefer Stimme als Herr Wieland langsam am Telefon spricht. Der sich anhört, dass der Gesprächspartner fast pleite ist, weil er zu viel Werbung gekauft hat, die niemals erschienen ist, und der am Schluss des Gesprächs als Herr Wieland Ihnen noch mal etwas „anhängt".

Nein, ich meine ehrlich erarbeitete Überzeugung und Spaß an der Begeisterung.

Kapitel 15

Aufzwingen- also Ichbezogen andrehen

Wenn ein Koch süße Crêpes herstellen soll und er unbedingt auch deftige machen will, (Spinat-, Zwiebeln-, Käse- und Fleischfüllung) ohne an den Kunden zu denken, dann zwingt er etwas auf.

So ist es auch, wenn der Verkäufer nicht zuhört. Deshalb sind hier eine kundenorientierte Verkaufsmappe sowie Verkaufshilfen hilfreich.

Ebenso ist es mit dem Unwort des Jahres 2010: „Alternativlos". Auch dies zwingt etwas auf.

Kapitel 16

Entscheidung

Momente des Glücks sind, wenn der Kunde kauft.

Wenn aber Zögern bei der Frage aufkommt, kann das schon mal eine Beziehung beenden.

Der Verkäufer muss im richtigen Moment schweigen: Beim Abschluss.

Man sollte den Kunden sowieso 60% reden lassen. Je mehr das Gespräch Nebensache ist, umso besser ist der Verkauf.

Es gibt Verkäufer, die grundsätzlich annehmen, neben dem vorgeschobenen Grund gibt es immer einen wahren Grund.

Das wichtigste schlechthin ist, den Verkauf im Auge zu behalten. Es gibt auch die Verkaufmethode, den Kunden dauernd unterschreiben zu lassen, so dass die Unterschrift auf dem Vertrag nur noch Rou...

...dung: Eine andere Entscheidung ...h auch der Mercedesfahrer ge... der Nähe des Kölns – Bonner ... gibt es eine Straßenabzwei-

...meiner Zeit im Rheinischen Raum sah ich öfter Leute, die nicht rechts noch links, sondern geradeaus auf das Schild auffuhren.

Genauso dumm ist es, aus Perfektionismus letztendlich nichts zu tun.

Kapitel 17

Gesprächsleitfaden und Analyse für das erste Kundengespräch und Zielsetzung

Analyse

Als Verkaufsmittel für Unbedarfte oftmals nach dem Motto „40 Euro sind für sie kein Thema" angedreht und aufgespielt als Ärzte im Thema Finanzen. Deshalb zeitweise aus der Mode. Dennoch ist eine gute Datenaufnahme im Sinne des Kunden.

Was sollte abgefragt werden? Wie viel darf es mehr kosten? Oder darf ich Kosten wegnehmen (Strom, Telefon und Anlagen usw.) und diese neu verwenden?

Also zu analysieren ist kein Fehler, erspart aber solche.

1. Begrüßung

Vorstellung der Person, Visitenkarte, Service anbieten, Darstellung der Tätigkeit (Kunden wie Freunde) Informationspflicht, Dokumentationspflicht, Vernetzung darstellen, kurze Unternehmensdarstellung-Familienunternehmen (also Beständigkeit aufzeigen), Registriernummer. „Und wenn Sie, lieber Kunde, Fragen oder Probleme haben, wir sind so weit entfernt wie das nächste Telefon."

2. Gesprächsanlass

Leads, Empfehlung, Umzug, Werbeaktion, Heirat, Auto, Scheidung. Gibt es Themen, worum es Ihnen geht?

3. Informationssammlung

Abgleichen der vorhandenen Kundendaten. Einverständnis genau erfragen.

- Berufliche Aussichten, aber heutigen Ist-Stand dokumentieren. Kommt noch einer zum Gespräch? Arbeitet die Frau bald wieder?

- Einkünfte: Einkommen/Miete/Zinsen/ Wie viel Gehälter?

- „Perspektiven- um was geht es bei Ihnen? Was meinen sie damit genau? Fassen wir das noch mal zusammen. Haben wir noch etwas vergessen?"

- Wohnsituation: Miete? Eigentum? Wie sieht die Finanzierung aus? Konditionen, Laufzeit, Forwarddarlehen anbieten

- Kinderdaten-Kinderwunsch-Enkel

- Fragen nach weiteren Versicherungen (Sachversicherungen und Vorsorge)-siehe Erläuterung unten*

- Weitere Vermögenswerte ansprechen (z.B. Aktien, Sparbücher, Immobilien, Vermögenswirksame Leistungen, Bausparen, Aktien, Fonds,...)

- Fragen nach Hobbies, Zielen und Wünschen

Berücksichtigen beim Setzen der Prioritäten.

4. Ende des Gesprächs

- Zusammenfassung der Absicherung im Bereich Vorsorge und Setzen der Prioritäten für das weitere Gespräch (mit Begründung der Prioritäten)

Lebensstandard und Wünsche so wie derzeitigen Stand fixieren.

*Vorsorgebereich:

Wir reden über KUR (Kranken-Unfall-Rente): Alle drei Bereiche mit dem Kunden durchsprechen und vorhandene Versorgungslücken besprechen

Jetzt Prioritäten setzen und dem Kunden begründen, warum diese Reihenfolge gewählt wird: „Wo sehen Sie die Sparten-übergreifende Priorität?!
Lohnfortzahlung, danach Krankengeld dann Aussteuerung oder Arbeitslosengeld-Grundsicheurng-Verwandschaft-Lebenspartner-Gesetzliche Erwerbsminderungsrente, Berufsunfähigkeit? Und danach? Altersrente sogar Pflege?

5. Einstieg ins weitere Gespräch entsprechend der Prioritäten

6. Zielsetzung

- Angebot erstellen: Angebot LV, EM, UV und KV entsprechend des Kundenbedarfs erstellen. Angebot begründen, Unterschiede erklären bei zwei Angeboten. Auf Konsequenzen der entsprechenden Lösungen hinweisen.

- Abschluss: Antrag mit Kunden ausfüllen den Kunden auf Empfehlungen ansprechen. Bearbeitungshilfen verwenden, also den Antrag bestmöglich ausfüllen, weil nichts ist peinlicher als eine Nachbearbeitung.

Kapitel 18

Sozialgesetzgebung

Es gibt gute Mitbewerber, die sich sehr genau mit den Sozialgesetzbüchern auskennen. Diese als Füllmaterial ins Gespräch einbauen. „Vielleicht ist das etwas für Sie, wenn nicht, auch nicht schlimm". Allerdings sollten Sie die aktuellen Werte wissen.

Einer, der heute wieder als Gärtner arbeitet, rechnete jeden Verkäufer mit dem Zinseszins zu Erschöpfung. Immer wieder traf ich auch Steuerverliebte Kunden. Alle drei Fächer wurden als Kompetenzbeweis genutzt, sowie das Wortspiel:

Was wird nass, wenn es trocknet?

hcutdnaH niE (Peter Griffin)

Ich persönlich mag Sprichwörter, die für Aha-Effekte sorgen. Sie sollten sich in den Gedanken Ihres Klientels bewegen. Das soll heißen, wenn man in Island ist, soll man sich drauf einstellen, dass es allein für das Wort Schnee 200 Begriffe gibt.

Kapitel 19

Blamieren oder Glänzen

Ich durfte mich im Verkauf schon blamieren, aber auch glänzen. Man hat im Verkauf die Aufgabe, sich selbst zu zeigen.

Dieses und Disziplin ist gerade in der Krise die Chance. Sieht mich der zukünftige Kunde als Bittsteller oder als hilfreicher gut aufgestellter Spezialist?

Kleingedrucktes:

Blamieren oder Glänzen können auch Rechtsgelehrte. Meines Wissens nach ließ sich ein englischer Rechtsanwalt die kubanische Zigarren(1000 Pfund pro Stück 25mal) von seiner Hausratversicherung bezahlen, bis er wegen Brandstiftung ein Problem hatte.

Kapitel 20

Alle Verkäufer zum Thema Sicherheit

Hier ein Aufruf an alle Verkäufer zum Thema Sicherheit: Lassen Sie bei einem Kunden nicht zu, dass eine Telefonrechnung von 150 € hingenommen wird und keine 100 € frei sind für Notwendigstes (Vorsorge,...).

Sie sind kein Bittsteller, sondern ein freier Kaufmann, der mit Ihrem Gegenüber mal locker über Geld spricht. Denn ein Mensch ohne Geld ist wie ein Wolf ohne Zähne.

Das ist mein Anliegen, weil ich auch schon 800 € Mobilfunktelefonkosten produziert habe.

Kapitel 21

Frisch

Frisch ist das Wort im Verkauf. Es ist egal, ob Sie im Janker oder anders auftreten. Sie sollten gepflegt und frisch rüber kommen.

Außerdem ist es kein Fehler, sich im Team auszutauschen sowie sich auch in Frage zu stellen.

Meine Frau und ich haben das Glück, dass wir nicht nur seit zwanzig Jahren verheiratet sind, sondern uns als Geschäftspartner achten.

Wobei ich schon früher eine Lanze für Frauen im Verkauf gebrochen habe. Frauen sind ordentlicher, sollten sich aber auch von Männern das souveräne Auftreten abschauen. Frauen sollten sich auch nicht schlechter bezahlen/ vergüten lassen.

Der Männerabwehrende: einen Kunden der auf Männer stand, verlor ich, als ich ihm meinen Namen erklärte: Alexander –der Männerabwehrende.

Am liebsten bin ich beim Kunden. Es ist warm, man bekommt einen Kaffee, vielleicht sogar Kekse. Man braucht sich wirklich nicht verrückt machen. Im Gegenteil, im Büro ist man Stunde um Stunde und keiner sieht, welche Mühe man sich macht.

Eine kompetente und erfahrene Verkäuferin hat alles bis aufs Letzte ausgearbeitet. Und dann kommt so ein Werner, ihr Büropartner, und sagt: „Sie haben Recht, ich will auch meinen Vorteil, nur sage ich das frei raus. Also machen Sie es bei uns. Und schon war mit drei Minuten alles klar. Das Geschäft unter Dach und Fach."

Die Kollegin, die schon im Vorstand einer Bank saß, ärgert sich heute noch. Und

Werner ist nach wie vor für zarte Gefühle beim Discofox bekannt.

Remington Steel-Prinzip:

Bei einer Veranstaltung in einem Münsteraner Vorzeige- Hotel sprach mich ein älterer Makler an. „Sie haben ein fantastisches Auftreten, ich bin froh, dass unser Berufsstand so auch in Zukunft auftritt." Also das Remington Steel – Prinzip: Ich repräsentiere und meine Frau vollendet den Verkaufsprozess.

Kapitel 22

...e Jakob

...ch nun als Arzt in der Finanz-
...ng oder in der Werbung/Tele-
...ation sehen oder als Spezialist,
...cht der billige Jakob, der sich
...erschämtheit artig bedankt.

...ein Problem, wenn der Kunde
Ih... ...ännischen, also ihren klaren
Mei... ...stand nicht teilt, trotzdem
sollte... ...ie belehrend oder gehässig
sein od... so auftreten.

Kapitel 23

Der Abschluss verschiebt sich

Im Laufe eines Jahres wird es Ihnen immer wieder passieren, dass sich ein Abschluss verschiebt. Es kommt beispielsweise eine Krankheit des Kunden dazwischen. Was sollten Sie als Verkaufsmensch tun? Den Kunden zwingen oder den Verlust gelassen hinnehmen?

Hinweis: Antrag ersitzen ist nicht negativ. Ein Beispiel: Ein Ehepaar hat einige Baustellen offen. Er muss morgen wieder auf Montage. Eine Verkäuferin erarbeitet mit der Frau Stück für Stück der Absicherung. Vieles könnte vertagt werden, wird aber nicht. Die Kollegin besticht durch ihre Person und nimmt alles mit. Zum Vorteil der Kunden. Sie hat sich einfach und kurz gehalten, darum ging es. Die Kunden sind froh, dass jetzt alles stimmt.

Wir haben selbst keine universelle Antwort. Tatsache ist aber, dass Sie, obwohl Sie über Positives als auch Negatives informieren, Sie keine Bedenken haben sollten, etwas positiv darzustellen. Denn wenn der Kunde nicht bei Ihnen abschließt, dann woanders.

Abschließen:

Wenn sie mit etwas abschließen wollen. Waschen Sie Ihre Hände. Es geht und steht sogar in der Bibel. Damit zeigen Sie Ihrem Unterbewusstsein, dass Sie etwas abwaschen. Das ist eine Methode sich zu entprogrammieren, also los zu lassen.

Kapitel 24

Und das Schlimmste ist: Wenn der Kunde das Falsche tut

Hier eine Geschichte:
Ich sitze bei einem Ehepaar, Sie deutsch, er türkisch, dabei zwei liebe Kinder. Das Paar hat drei Bausparverträge über jeweils 100.000 € und Kapital sowie die besten Möglichkeiten.

Ich kann ihnen sagen, dass sie von der Finanzierung nächste Woche ein Haus kaufen können.

Sie entscheiden sich für einen weiteren Bausparvertrag. Das heißt, dass der Bausparkassenvertreter hat sich nicht nur dumm, sondern auch dämlich verdient. Der Ehemann sieht sein Geld auf seinem Konto und der ehrliche Verkäufer beißt in die Sofalehne.

Kapitel 25

Gier

Gier frisst Hirn.

Ebenso gibt es eines der besten Verkaufsmittel, die seriöse Verkäufer nicht nutzen können: Gier.

Gier heißt, der Gesprächspartner sagt Ihnen ganz genau, dass bis zu 5% Zinsen nicht sein können, verliert aber jegliche Scheu zu 12% oder 20%. Öfter hört man solches Verhalten aus Essen.

Der ehrliche Verkäufer kann nicht immer gewinnen, nicht immer souverän mit einem Abschluss belohnt werden. Er braucht sich aber seiner selbst nicht zu schämen.

Kapitel 26

Bo oder hörst du mir zu?

Wenn Sie an einer Kasse stehen, die Kassiererin mit Namen ansprechen und das Ehepaar hinter Ihnen dazu bringen können, dass er Ihnen seine Frau ausleiht, brauchen Sie nur ein Bo zu sagen und sofort werden drei Leute Ihnen auch einen schönen Abend wünschen.

Ich arbeite noch an der Rülpservariante, daher trinke ich auch viel Sprudelwasser. Wer weiß. Wer weiß, wann.

Ach übrigens können Sie auch Bettler (Berber) nach Wechselgeld fragen, wenn Sie's nicht passend haben. Dem Pizzataxi nach dem Spruch, ich habe kein Kleingeld sofort mehr zu geben ist oftmals gewollt.
Da Sie die Hauptperson in Ihrem Leben sind, sollten Sie sich nicht treiben (verulken) lassen. Sie sind nicht für die ganze Lebensgeschichte des Pizzaboten verant-

wortlich zu machen. Noch sind Sie weniger wert als er. Also ist Ihr Selbstbewusstsein keine Arroganz oder Überheblichkeit. Und wenn Sie einer übers Ohr hauen will, egal, Sie müssen Sie ja nicht Ja sagen (und unzufrieden durch ihr Leben gehen). Es ist doch toll, dass Sie zukünftig eine Person sind, die geachtet und gefragt ist. Das Ganze ohne dem Falschen weh zu tun. Ein Verkaufsmensch, der gerne Verkauft und Kauft, handelt und Agiert und Mitten im Leben steht.

Kapitel 27

Dem natürlichen Verkauf eine Stimme

Uns geht es darum, dem natürlichen Verkauf eine Stimme zu geben.

Wo liegt der Sinn darin, dem Bundesbürger am Telefon Zeit zu stehlen, bis er am Schluss sagt, er kauft in den nächsten Monaten ein Riesterprodukt und der Telefonmensch am anderen Ende sagt, schön, und ich mache Ihnen kein Angebot, weil Sie könnten ja kaufen wollen?

Die Tendenz, dass Strukturvertriebe (in denen meine beruflichen Anfänge liegen) Ursache für Datenschutzgesetze sind, die Sie als erste umgehen können, in dem man normale Bürger drängt, Freunde anzurufen, ist menschenverachtend und weltfremd. Eskimos Kühlschränke andrehen zu wollen, anstelle von Innuit-Märchenbüchern, zeugt von Intoleranz.

Kapitel 28

Trainer- Sie machen es für sich

Schon vor über 2000 Jahren gab es Rhetorik. Seneca für Manager spricht davon. Das Lexikon der lateinischen Zitate tut ein Weiteres.

Diese Verkaufspraxis kam aus den USA nach Deutschland: Man kaufte ein Produkt wie z.B. ein Waschmittel und stellte sich damit die Garage voll und der Vertrieb war geboren. Und los geht´s.

Hier seien einige Bücher erwähnt, die mich als Verkaufsmensch inspiriert haben:

Frank Bettger,
Lebe begeistert und gewinne (Oesch Verlag)

Dale Carnegie,
Wie man Freunde gewinnt (Scherz Verlag)

James Tackaberry MacCay,
Von Terminen gejagt oder die Kunst, Zeit
zu haben (Econ Verlag)

Zusammengefasst liest man die Grundströmung heraus: "Nicht mit dem Kopf
durch die Wand, finde die Tür."

Später kam in den USA die Tendenz:
Wirtschaftsabläufe sind Krieg. Und man
lernte japanische Sprüche über Kriegsfüh-
rung wie z.B. „Wenn dein Gegner zu stark
ist, verbünde dich mit ihm."

Hier ein Buch, das mich als Verkaufsmensch nicht inspiriert hat:

Josef Kirschner,
Manipulieren, aber Richtig. Die acht Ge-
setze der Menschenbeeinflussung von
(Knaur Verlag)

Ist unangenehm. Wahrhaftig, der Umgang
mit schlechten Büchern ist oft gefährlicher

als mit schlechten Menschen (Wilhelm Hauff 1802-1827).

Nikolaus Enkelmann schulte Rhetorik, Charisma und Persönlichkeit. In dem Zusammenhang wurden die zehn einfachen Grundsätze, nach dem die Erfolgreichen dieser Welt leben, bekannt.

Einfach mal im Internet nach „Zehn einfache Grundsätze, nach denen die Erfolgreichen dieser Welt leben" suchen.

PS: Die Kunst ist es, natürlich zu bleiben

Die 10 Punkte sollte man kennen, aber nicht bierernst nehmen.

Dieter Bohlen: Ja, auch er hat verkauft und lebt seine Begeisterung.

Auch ein Motivator aus den Niederlanden (Chaka, du schaffst es!) kann 65 jährige Hausfrauen motivieren, selbständig zu werden.

In wieweit ist das real? Fachreferenten: Sind meist Fachgebunden. Es muss von Herzen gehen, was auf Herzen wirken soll (Goethe 1749-1832).

Samy Molchow zeigt mir, wie positiv das Leben ist. Kann vor allem Menschen helfen, die sich falsche Verhaltensweisen antrainiert haben. Gerne von Rechtsanwälten genommen. Immer wieder haben wir Bewerber, die unangenehm sind, weil falsche Signale von ihnen ausgehen. Da wünsche ich mir oft, dass er bekannter wäre.

Körpersprache ist wichtiger als manche Fremdsprache. Sie können aber auch einfach nur ein netter Typ sein. Denn Arroganz kann man zum Beispiel auch als Angst lesen. Eine tiefe Stimme, egal ob bei Frau oder Mann, ist von Vorteil. Die Stimme zu ändern, heißt auch seine Person sowie das Erscheinungsbild zu ändern. Für manchen Menschen ein Wunschtraum.

Selbst suggerieren, nur Positives benennen, lernte ich vor 20 Jahren kennen. Man darf in immer wieder kommender Selbsteinflüsterung nichts Negatives benennen. Wer es mag, es gibt Schlimmeres. Dein Unterbewusstsein kann dein größter Feind, aber auch Freund sein.

Interessant ist, dass Referenten, die sich in geistigen Ebenen befinden, oftmals Schwierigkeiten haben, pünktlich zu sein. Große Firmen lassen für viele Talente ihre Leute in Grundsätzlichem schulen sowie tiefenpsychologisch verwirren.

Oftmals sind diese Trainer selbst privat gescheitert, glauben aber die Weisheit mit Löffeln gefressen zu haben. Ich glaube sogar, ich bin mit Einem verwandt. Ich habe Achtung vor dem Geist anderer, deswegen möchte ich nicht darin herumrühren. Anders wie jene, die sich für besser halten.

Trainer, die aus der Praxis kommen, gibt es leider zu wenige. Einer aus dem Frankfurter Raum ist pfiffig und hat sich auf Betriebliche Altersvorsorge spezialisiert sowie eine eigene Hypothekenplattform erstellt. Sein größter Zug ist aber, dass er Anderen das Verkaufen nahe bringt. Man kann nur nicht alles eins zu eins von ihm übernehmen.

Sei Positiv und treibe Sport

Ein amerikanischer Coach, der früher mal Profisportler war, hat sehr große Resonanz bei bedeutenden Großfirmen in Deutschland.

Der Sportler sagt, sei positiv und treibe Sport. Sowie hole dir Empfehlungen. Ein positiver Mensch. Nur man braucht kein Einzeltraining, um mehr Sport zu treiben. Ein älterer Kollege hat ein solches Einzeltraining besucht und hat heute einen Bandscheibenvorfall. Also alles in Maßen.

Supervision oder wie mache ich eine Sozialstation kaputt?

Wir durften leider miterleben wie eine gut gehende häusliche Krankenpflegestation durch Supervision kaputt gemacht wurde.

Alte Verkaufsgrundsätze:

Die Altforderen waren nicht durch die Bank in der Steinzeit. Viele der Verkaufsgrundsätze (Sei gleich mit dem Kunden) zielen in die Emotio, nicht so sehr in die Ratio, soll heißen ins Bauchgefühl. Somit am Anfang und am Ende auf das Gefühl. Augen aufreißen und lächeln, sogar mit dem Kuli die Blicke wieder zu Einem holen will umgesetzt werden. Weil es einfach geht. Blinzeln nicht vergessen. Es macht sogar den besten Eindruck. Allerdings Mitleidskauf stirbt aus.

Farbenlehre:

Es gibt viele Persönlichkeitseinteilungen. Eine ganz bekannte Variante der Unterteilung charakterlicher Grundzüge erfolgt in Farben: Seit zu Rot, Grün und Blau noch Gelb hinzu gekommen ist, kann man mit einem ganzen Buch sich selber finden. Es ist eine angenehme Weltaufteilung, solange man nicht Grün oder Blau ist. Den beiden Farben wird nämlich abgesprochen, dass sie führen können. Interessant ist auch, dass sehr reiche Leute Rot ausleben, dass heißt, ihre Kinder bekommen jedes Internat, aber wenig Wärme. Wahrscheinlich trifft auf die Verfechter dieser Lehre dasselbe zu wie für die alten Griechen. Die Gründer des Okzidents vergaßen nämlich, dass sie alte Griechen waren.

Trainer sind gerade im Telefon- und Empfehlungs-Marketing wichtig. Da sie sich speziell nur mit dem Thema beschäftigen können, haben sie einen großen Durchblick.

Viele Thematisierungen werden aber erst lang und breit gewälzt. So kommt Verunsicherung auf, nachfolgende Verkaufsabläufe werden dann präsentiert. Ok, die Trainer verkaufen sich selbst bis dahin, dass Bücher über ihre Person geschrieben werden. Einen solchen Mann als „Der Löwe" zu bezeichnen, bringt mich dazu, der Tiger von Hiltrup zu sein.

Systematische Verkaufsverwirrung: Man muss es mögen, dass Frauen angegangen werden, von Sektenmitgliedern. Hier einige Beispielssätze:

„Du bist nicht Real."
„Du lebst nicht mehr."
„Dich streiche ich aus der Welt."

„12 Punkte enthemmen Dich."
„Du sollst am Bahnhof betteln als Krönung deiner mentalen Fähigkeiten." usw.

Man verbirgt einfaches Handeln unter Geschwafel über 12 Punkte und dann, ja dann bist du bald Multiplikator für eine Sekte, danke auch. Dabei wolltest Du nur besser verkaufen.

Will Smith (Film):
Das Streben nach Glückseligkeit.
Dies ist die gekonnte Umsetzung einer Buchvorlage und erreicht so auch Lesemuffel.

Wer weiß, was die Zukunft bringt. Vielleicht werden uns Fruchtarier (extremste Form der Vegetarier- „Esse nur eine Frucht, die sich opfert, also kein Möhren.") auch mit einer Menschenlehre beglücken, die dann auch noch funktioniert. Es bleibt also spannend. Wie komm ich jetzt darauf? Ach ja, ich mag Pferde am liebsten süßsauer (Rheinischer Sauerbraten).

Kapitel 29

NLP

Als junger aufstrebender Vertreter mit akzeptablem Erfolg wurde ich von der Gesellschaft „Wir wollen Kohle" an das andere Ende der Republik geschickt, wo zunächst das mit der Kamera aufgenommene Verkaufsgespräch fast perfekt war.

Nach einer Woche neurolinguistischem Programmierens war gar nichts mehr in Ordnung, weil ich jede Kleinigkeit bemerkte und reagierte und mich selber in Frage stellte. Woraufhin ich ein ganzes Quartal fast gar kein Geschäft produzierte, weil selbst Analyse und Kundendeutung ganz schön aufreibend sind.

Jahrzehnte hütete ich die Seminarunterlagen wie Geldblätter bis ich sie von heute auf morgen weggeworfen habe.

Gesichter und die ultimative Wahrheit

Dein Gegenüber schaut dich an: Er visualisiert.

Er sieht nach links oben: Visuell konstruierte Bilder.

Was ist mit Linkshändern oder sonstigen Facetten der Person dir gegenüber?

Ein Coach wirbt gerade online für ein Seminar einer sehr bekannten Persönlichkeitslehre, verspricht mehr Kundenumsatz und weist auf Fördermittel des Landes Niedersachsens hin. Nur zu, sind ja nur unsere Steuermittel. Nein, sogar neue Schulden. Pro Kopf, Deiner und Meiner. Und erst die Übermenschen, die da raus kommen, die uns Fußvolk dann verachten.

Kapitel 30

Moderne Gedächtnisschulung

Als ich ein kleiner Junge war, überredete ich meine Mutter, mir eine sehr teueres Gedächtnisschulungsprogramm zu kaufen. In einer Umgebung, in der manch einer eine Waschmaschine auf dem Rücken tätowiert hatte, war ich bekennender Stubenhocker. Die alleinerziehende Mutter von drei Kindern kaufte anstandslos. Nur basierte diese gutgemeinte Gedächtnisschulung auf Mathematik und Logik. Obwohl man von mir sagte, ich wäre pfiffig, war dieses Training total nutzlos. War ich deswegen nutzlos?

Jahrzehnte später möchte ich nach reiflicher Überlegung sagen: Nicht jeder Impuls ist hilfreich.

Kapitel 31

Routine

Die Sachen immer an die gleiche Stelle zu tun, immer den gleichen Ablauf zu wählen, dass ist Routine.

Routine stärkt uns. Grade in einer Welt ohne Gott und sonntäglichem Kirchgang.

Albert Einstein hatte sieben gleiche Anzüge und nie die Qual der Wahl.

Gerade als Genussmensch bin ich für Abwechslung, gerade beim Essen. Dies widerspricht aber nicht jederzeit zu wissen, wo mein Schlüssel ist. Beim Klingeln sofort zu wissen, linke Hosentasche.

Kranke Leute lernen zuerst, ihren Tagesablauf zu strukturieren. Eines Tages sind wir Rentner und uns fehlt die Arbeit. Die Anerkennung, das Geld, der Spaß, aber vor allem die Routineabläufe.

Ich glaube, jedes Alter kann schön sein, wenn wir es mit Sinn füllen.

Am Anfang meiner Tätigkeit lernte ich einen Mann kennen. Er trug eine Perücke, hatte Krebs im letzten Stadium. Er war ein Starverkäufer. Er verkaufe bis zuletzt und machte das Beste daraus.

Der Innendienst hat auch oft seine eigenen Routinen. Einmal wollte ich die Annahme einer Krankenversicherung beschleunigen. Ich fuhr also mit Kuchen nach Wuppertal. Zunächst freute sich die Dame. Auf dem Heimweg bekam ich einen Anruf von meinem Bezirksdirektor. Ich war als verheirateter Mann nicht weit genug gegangen.

Kapitel 32

Delegieren

Delegieren muss gelernt sein. Damit ist nicht gemeint, alles auf andere abzuwälzen, sondern etwas abzugeben, was ein Anderer genauso gut oder besser erledigen kann.

Auch hier hilft die schon erwähnte A B C - „Prioritätenliste" nebst Zeiteinteilung (Kapitel 4).

Man kann viel Geld für ein Kalendersystem ausgeben, nur um so etwas zu nutzen. Je selbständiger man arbeitet, zum Beispiel als Projektleiter, desto wichtiger ist Selbsterkenntnis in Form von Statistiken und Arbeitsnachweisen.

Wenn man will, dass etwas erledigt wird, tut man es am besten selber. Oder man nimmt einen Mitarbeiter unter die persönliche Beobachtung. Sonst kann ein Fass ohne Boden entstehen, wofür man am Ende aufkommt.

„Probleme will ich nicht hören, sondern Lösungen." Jennifer Lopez

Kapitel 33

Mach das nicht

Vermutungen und Unterstellungen bringen Einen nicht weiter. Religion und Politik lass außen vor. Man kann auch nicht jedes Konzept übertragen.

Nur seine Eitelkeit und sein Sendungsbewusstsein anstelle der Bedürfnisse des Gegenübers zu sehen, ist auch nicht in Ordnung. Nenne das Positive, las das Negative weg.

Fast jedes Verhalten kann man auf Zwänge zurückführen. Es entschuldigt zwar nicht, sollte aber klar machen, dass man nichts, aber auch gar nichts persönlich nehmen sollte. Man kann sich auch nicht mit Dschingis Kahn vergleichen, der 35 Millionen Nachfahren haben soll. Also Luxusproblemen hinterherlaufen schafft erst die Probleme.

Habe Spaß am Leben und achte das Leben mit offenen Augen und guter Gestik!

Ich komme grade von einem Geschäftsmann, der das Lächeln als Schwäche ansieht, dann sollte er auch kein Geschäft betreiben, wie ein chinesisches Sprichwort sagt.

Bevormunden ist auch nicht hilfreich. Es kommt nicht auf die Größe des Feuers an, sondern auf die Richtung.

Dann kann man sich auf Dich als Verkäufer freuen. Sei bitte authentisch, denn einem dünnen Koch traut man nicht.

Wenn das Wort Leasing deutsch, also Miete, genannt würde, würden weit weniger Autos geleast werden.

Mach es also wie Tim Mälzer, sei nicht der allerbeste Koch, nur der Frischeste und Witzigste.

Kapitel 34

Vertriebswege

Strukturvertriebler und Gebrauchtwagenhändler müssen flunkern können. Es gilt zwar, besser gut abgekupfert, als schlecht erfunden, dennoch kann man Persönlichkeit zurzeit nicht klonen.

Bedenklich ist auch, was mir ein Freund sinngemäß sagte: „Ich weiß, es gibt bei dieser Struktur viele Halsabschneider, nur lasse ich mich von Paul gerne rasieren".

Viele gute Verkäufer wenden sich letztlich ab, weil der Personenkult sie auf Dauer verstört. Solange die Struktur an den Chef glaubt, solange wird er sich zu viel in die Taschen tun. Einfach weil er es kann.

Böse und einfältige Menschen rechnen mit dem Vergessen der Anderen (der Öffentlichkeit). Sie haben damit manchen hochintelligenten Menschen schon überlistet.

Das gilt ebenso für manche Schwiegermutter wie für Großunternehmen. Dabei fällt mir der Standardspruch aller Kriminellen ein: "Das war damals (da war ich ein Anderer)!" Wie lange ist das her? 14 Tage. P. S.: Danke für die verbrannte Erde.

Wiener Steffi (eine Lokalität)

Manch einer hat bestes Talent zum Verkauf, setzt dies aber nur privat ein. Er sieht sich vorab in dem Club um, zieht sich dann die passende „Uniform" für sein Objekt der Begierde an, ist also gleich mit dem Mädel. Lieber Franjo (Michel) auch Du kannst noch etwas aus diesem Buch lernen.

Oder ein Dipl. Ing. (kein besonderer Mann), bei einem großen Konzern. Er hat in einem Schwesternheim ein paar Mädchen als Verlobte auserkoren. Sein Einsatz: Ein paar Ringe. Das hat, abgesehen von seinem Ego- Zuwachs, einige enttäuschte junge Frauen hervor gebracht. Ein

Jahr später ist Eine in eine Sekte abge-
rutscht.

Und dann noch die Hartz4- Gilden bei On-
line-Spielen: Dadurch, dass sie aufgrund
ihrer vielen Zeit viel spielen, können sie
sich wertvoll darstellen, also verkaufen.

Profitcenter

Büro, Telefon, Rat und Tat lässt man sich
bezahlen. Man kann sich auch vertun, weil
die Häuser, die man baut, nicht mit guten
Leuten besetzt werden.

Etwas aufzubauen, kostet in der Regel persönliche Energie und deprimiert leicht. Eines Tages ist man dann 60 Jahre und
möchte eine Struktur aufbauen. Irgendwann ist körperlich Schluss. Abgerechnet
wird am Schluss eines Lebens, nicht selten
bleibt nichts vom Lebenswerk. Außer einem: Darth Vader am Rollator.

Maklerpools

Wenn man in einer Branche richtig gut ist, kann man seine eigene Firma aufbauen. Wesentlich pfiffiger ist es aber, andere Firmen in der Branche zu bedienen, mit Informationen und Produkten. Maklerpools sind bei Geldgeschäften solche Anbieter. Deshalb kann der Makler um die Ecke es mit jedem aufnehmen.

Franchise-Immobillienfirmen

Im Laufe vieler Jahre lernte ich immer wieder Verkäufer aus dem Immobiliensegment kennen. Ein mir bekannter Außendienstler, der bis dato mehr schlecht als Recht Versicherungen verkaufte, sogar mit dem Gesetz in Konflikt kam, ist heute als Immobilienmakler und Baufinanzierungsvermittler unterwegs. Ihm werden Geschäfte von einer großen Struktur zugetragen, die sich akademisch nennt. OK, der Kollege hat keine Zuführungsprobleme mehr.

Ein Anderer, der sogar mal für mich vertrieb, ist Franchisenehmer und zahlt ähnlich wie in einem Profitcenter, nicht nur Miete und Telefon, sondern auch einen fixen Betrag für die Ehre, dabei sein zu dürfen.

Ein bekannter und sehr erfolgreicher deutscher Boxer leitet Niederlassungen einer bekannten amerikanischen Imbisskette im Köln-Bonner-Raum. Da macht Franchise Sinn. Während eine Pflegestation im Münsterland ihren Franchisenehmern nur Unglück und Fixkosten brachte.

Wenn man Lehrzeit benötigt, in Ordnung, sobald man jedoch flügge ist, sollte sich das auch im Vertriebsweg niederschlagen.

So wechselte einer meiner Kunden von der Werbung zum Immobilienvertrieb, leitet letztendlich eigene Clubs und arbeitet zudem als DJ. Ein solcher beruflicher Werdegang ist doch spannend. Er nutzte seine Chancen im richtigen Moment.

Kultur muss in Zukunft auch bezahlbar sein. Stereotyp zur Sparkasse zu gehen, als Museumschef und nach Sponsoring zu fragen, muss in Verkaufsabläufe gekleidet werden. Es muss grade hier motiviert werden. Merke: Wenn Verkauf einfach umzusetzen wäre, würde es jeder machen. Und das ohne Angst. Einfach machen ist angesagt.

Es wird bestimmt in der Zukunft neue Vertriebe geben. Wobei ich keine Hausratversicherung bei Rockergruppen abschließen werde. Es sei denn, sie nennen sich „Die Käsebrote".

Jeder hat in seinem Leben Möglichkeiten. Hoffentlich nutzen Sie diese, denn irgendwann ist es zu spät. Ich brauche Ruhe und Heiterkeit der Umgebung und vor allem Liebe, wenn ich arbeite (Adalbert Stifter 1805-1868).

Ich selbst bin für eine in den 90er Jahren deutschlandweit tätige Unternehmensberatung durch die ganze BRD gereist und habe die KI(Kein Interesse)-Abteilung abgearbeitet:

Nach dem die Daten des Kunden durch einen Opener (Kontakter) aufgenommen wurden, kam der Starverkäufer, schloss aber nicht immer ab. Dann kam der verstreute Professor: meine Wenigkeit. Oftmals waren wenig schmeichelhafte Kommentare über den Interessenten im Gutachten. Diese ließ ich nun lesen. Und der Kunde dachte wohl, welch ein Menschenfreund sitzt mir gegenüber, der so viel Verständnis hat, da möchte ich Kunde werden.

Haustürgeschäft und eine bekannte religiöse Gruppe an der Tür. Oft bewundernswert enthemmt, Sinnbild für Vertreter, leider schwer umzuschulen.

Der Glaube
(ist Opium fürs Volk- Karl Marx).

In Köln, Nähe des Neumarkes, befindet sich die „Schwarze Madonna", zu der auch gerne Willi Millowitsch betete. Als ich ein Mädchen kennenlernte, erfuhr ich, dass sie eine Drogenkarriere lebte. Der Pfarrer der Kirche mit der „Schwarzen Madonna" vergab ihr gerne alle Sünden, wenn sie fürderhin keinen vorehelichen Geschlechtsverkehr habe. Im Drogenrausch nicht schön, aber in Ordnung, nur Normal bitte nicht.

Abhängigkeit

Es ist problematisch, nur einen Kunden zu haben, egal ob Werbeagentur oder Spezialmakler. Dennoch gibt es Klassiker, zum Beispiel:

1. Der Bauträger. Und die Ehefrau verkauft nötige Versicherungen, bleibt des Weiteren am Ball.

2. Er ist Steuerberater oder Wirtschafts-
prüfer, sie handelt hauptsächlich mit
Anlagen und Immobilien.

3. Die Werbeagentur und die Ehefrau
betreibt nebenher eine Haarentfer-
nungspraxis.

Banken

Man gründet eine Bank oder kauft eine
auf. Denn sich Geld zu leihen zu einem
Prozent und Girokunden weiter zu verlei-
hen ist cool.

Wie heißt der Spruch? Wer ist der größere
Verbrecher? Der eine Bank ausraubt, oder
der sie gründet?

Bemerkenswert ist, dass die Bank erst in
der neueren Zeit in Italien entstand. Das
heißt Jesus Christus konnte sie nicht aus
dem Tempel jagen. Vor 700 Jahren trat die
Familie Börse in Brüssel erst in Erschei-

nung. Und die Ärmsten der Armen müssen das Meiste an Kontoführungsgebühren bezahlen.

P.S: Versicherungen sind so alt wie der Handel.

Solide Mittelständler, werden es in Zukunft noch schwerer haben an Geld von Banken zu kommen, weil im Gegensatz zu Geschäften mit Staaten, Eigenkapital der Banken mit eingerechnet werden muss bei „normalen Krediten". Dieses halten einige Wissenschaftler für bedenklich.

Mein Schwager, dem ich dieses Buch widmen wollte, arbeitete bei einer großen Bausparkasse, der Vorstand bestand aus Juristen und schrieb die Umsätze vor. Es war die Bausparkasse mit dem größten Volumen, aber nicht mit den meisten Häuslebauern.

Mario Ohoven schrieb ein Buch für den Vertrieb (Die Magie des Power-Selling,

MI Verlag). Von seinem Buch habe ich zwei gekauft. Das zweite ist inzwischen auch verschlissen, ob es daran liegt, dass ich sie in der Badewanne gelesen habe? Die Kombination Verkauf und Charity klappt anscheinend. Ein funktionierendes Prinzip mit Erfolg.

Bezirksverweser darf man auch nicht sein, wenn man einer Bezirksdirektion oder einer Struktur vorsteht.

Eine sehr gut gehende Pflegestation wurde vom Inhaber geleitet. Er stellte einen als studierte Führung (mit hohem Gehalt) ein, war ab dato Privatier. In den folgenden Jahren ging das Unternehmen beinahe Pleite. Stress fängt im Kopf an, man sollte ihn aber nicht selbst heraufbeschwören.

Denn die erste Hälfte unseres Lebens ruinieren wir unsere Gesundheit, um Geld zu erlangen. Dann braucht man Geld, um Gesundheit zu erhalten. Ich kenne keinen Firmenlenker, der alles schleifen lässt.

Gerade habe ich in einem Shoppingkanal eine Verkaufssendung gesehen. Im Laufe der Zeit habe auch ich das Eine oder Andere gekauft. Der Hustentensaft, der beworben wird, teuer ist, ist das eine, dass man aber Leute, die kaum Geld haben, dazu animiert, geschliffenes Glas zu kaufen mit solchen Sätzen wie: „Sie haben seit vier Monaten Harz 4, also geben Sie 100 Euro aus und Sie bekommen sofort eine Arbeit." ist Beispiellos und sogar Betrug.

Nepper, Schlepper und Bauernfänger

Diese Begriffe sind schon alt, leider nicht bekannt. Nicht gezeichnet, wie in anderen Kulturen, können solche Zeitgenossen ohne Gewissen ihren Weg gehen.
Ja, Sie sind IN!

Kapitel 35

Aggro

Wann ist Aggression gut und nützlich? Wenn das Adrenalin in die Adern fließt, hast DU zwei Möglichkeiten: Entweder Du ergibst Dich der Angst oder Du nutzt die Energie.

Vor 20 Jahren war es das Schlimmste für mich, zu telefonieren. Ich bin tausend Tode gestorben. Heute ist es meine Lieblingsbeschäftigung. Es gibt kaum etwas Spannenderes und Interessanteres, als Kunden zu fragen, was aus ihnen geworden ist. Da der Erstkontakt vor knapp einem Jahr stattfand, gibt es dann drei Reaktionen:

1. „Dass ist aber nett, dass Sie anrufen, wie geht es Ihrer Frau?"

2. „Warum rufen Sie an?"

Antwort: „Gerne, als ich in einer Unternehmensberatung arbeitete, lernte ich, dass alles Mögliche passieren kann. Und oftmals ist der Gesprächpartner, lieber Herr Becker, dankbar für ein Lebenszeichen!"

3. „Herr Ramrath, es hat sich leider nichts an der Problematik geändert. Schön, dass wir so miteinander sprechen, wie sieht es mit dem Handlungsbedarf aus?"

Sie merken, der Fisch fängt zuerst am Kopf an zu stinken. Du bist der Erste, der dir im Wege steht. Ich halte nichts von blindem Gottvertrauen oder Ähnlichem. Nur hilf Dir selbst, dann hilft Dir Gott.

Wenn ich Sie nun frage, sind wir Männer oder Mäuse, möchte ich nicht Mäuse hören. Was zagt man denn so oft als Selbständiger? Als Angestellter muss ich acht Std. arbeiten, habe Angst um meinen Job. Wenn ich als Selbständiger im Verkauf tätig bin, kann ich den Erfolg nicht verhindern bei 6 Std. täglich.

Natürlich ändern sich die Märkte, nur Du bist Schmied deines Glücks. Ein junger Vollkaufmann hat meine Hochachtung. Philipp vertrieb Cocktails mobil zum Kunden. Als es den Vorständen der Autoindustrie schlechter erging, verlor er sein Klientel. Er schaute aus einem neuen Blickwinkel. Er stellte sich neu auf und holt aus dem neuen Markt seine Zukunft.

Was hier steht, ist nicht nur für Dienstleister (wir können uns nicht alle die Harre gegenseitig schneiden), sondern es braucht auch produzierendes Gewerbe. Meine Hoffnung ist, dass wir Alle mehr verkaufen, weil es passt. Und Krankheit ist keine Ausrede für einen schlechten Charakter. Egopower, nennen es wir mal so, ist hier angesagt.

Hansi Hinterseher hat sogar aus seiner Ego-/Manpower sein eigenes Produkt geschaffen. Auch wenn es nicht Jedermanns Welt ist, wurden doch Sport, Heimat, Liebenswürdigkeit, und Volksnähe gemischt, so dass es für Viele das Größte ist, ihm auf den Hahnenkamm zu folgen bei Fan-Wanderungen. In diesem Fall ist der Datenschutz kein Thema. Mein Kompliment.

Kapitel 36

Kollegentypen

Kollegen, die nörgeln und unfähig sind, bedingen oft einander. Der, der nicht mehr fragt, hat schon innerlich gekündigt.

Robert F., je schlechter es ihm ging, umso mehr lächelte er. Unterm Strich hatte er einen sehr guten Jahresverdienst vorzuweisen. Er versicherte alle, die mit ihm studiert hatten, und zog Empfehlungen. Leider verstarb er zu früh, ein Vorbild bleibt er.

Frau K. hatte bei einer Bank genug Zubringer für ihr Immobiliengeschäft. Nach ein paar Jahren eines leichten und hohen Verdienstes, wollte sie noch mehr. Wollte sich also nicht nur dumm, sondern auch dämlich verdienen. Sie wechselte zu einem Profitcenter, mit dem sie schon mauschelte und erlebte keinen Kundenkontakt- kein Geschäft. Ihren teueren Wagen ließ sie über die Mutter laufen, war nur noch privat ein Sozialhilfefall. Es ist eins, in der Brille Fensterglas zu haben, etwas anderes ist es, sich mit Titeln falsch anzupreisen, die nie erworben wurden.

Der Fachmann für Krankenversicherungen, der sogar Kollegen entsprechende Versicherungen verkauft und einfach mit Gesundheitsfragen anfängt, hat auch gut lachen. Auch ältere Berufseinsteiger können im Verkauf punkten, den Verkauf bis zu letzt erleben und so nicht zum alten Eisen gehören.

Ein Außendienstler aus Hamburg nannte sich Trainer. Er behauptete, im Bereich Telekommunikation gut zu sein, und bot ein entsprechendes Seminar in Berlin an. Die Teilnehmerinnen merkten zunächst nicht, dass er selbst nichts konnte. Der Fachmann merkt es daran, dass der Trainer selber nicht telefoniert.

Drensteinfurt ist die Heimat eines Kollegen, der bei einem großen Sachversicherer arbeitet. Man kann bei ihm bewundern, dass er, wenn die Kunden von der Kfz-Zulassungsstelle kommen, ganz natürlich behauptet: Wir haben Sie angeschrieben.

Jung und gierig ist nicht die schlechteste Kombination, oftmals ist aber nach zwei Jahren die Luft raus. Selbstkontrolle tut hier Not. Man kann nicht mehr Geld ausgeben, als man hat. Nach jedem guten Abschluss, sich selbst eine Woche zu feiern, ist nicht produktiv.

Wer früh viel verdient und anschließend nicht mehr, kann sich dann nur an die „gute, alte Zeit" erinnern. Und vielleicht nie wieder Wohnung, Frau, Kind sowie Kombi und Cabrio zelebrieren. Man kann froh sein, wenn man stetig mehr erfährt und es aufwärts geht.

Uwe B.- Ewige Studenten müssen manchmal in den Verkauf wegen des Geldmangels. Oft sind diese Menschen total enthemmt, weil in ihrer Denke ihnen viel Geld zusteht. Drogen sind meist auch nicht unbekannt. Man muss aufpassen, dass das Ganze nicht zu schleimig rüber kommt.

Rainer Langhans, der Gründer der Kommune 1, hat auch in seiner Vita stehen, dass er Bausparverträge verkaufte. Und Bausparen wurde von einer großen Bank verteufelt bis man selbst eine solche gründete.

Bullterrier –Ein Kunde sagte mir einmal: "Sagen Sie Ihrem Chef, der Mitarbeiter M.G. ist sehr unangenehm sowie penetrant. Er will einen nötigen. Geht man bei Ihnen so mit Menschen um?" Beim Chef war dieser sich verbeißende Außendienstler allerdings beliebt. Anders als der Ärzteservice im Haus, der mit der Zeit immer weniger verkaufen wollte. Und immer mehr den Ärzten hinterher wedelte. Sogar teuren Wein verschenkte, der dem Chef gehörte.

Den Wolf im Schafspelz gibt es auch. Ein Verkäufer, der lispelt, aber weiß, wann er den Sack zumachen muss.

Ein Softwaremensch und Verkäufer seiner selbst hatte einen Großkonzern im Wohnzimmer. Obwohl das Konzept überzeugte, nahm man Abstand wegen des Wohnzimmerauftritts.

Zum Abschluss, ich kann es selbst kaum glauben. Es gibt doch tatsächlich im zweiten Jahrzehnt des neuen Jahrtausends noch eingesessene Drücker, die sofort den Antrag zücken und nach zwei Jahren die eigenen Verträge von einer zur anderen Versicherungsgesellschaft bringen, um erneut Geld zu verdienen. Dieses Verhalten ist kriminell, aber solange es die Kunden mitmachen.

Und so ein Verhalten wird von den Gesellschaften nicht bemerkt. Mitarbeiter im Büro werden nieder gebrüllt. Die Zukunft wird zeigen, ob so etwas ausstirbt. Es wird

Verkauft, weil man es kann. Ein Telefon-Internet–Paket also ein hohes Leistungspaket wird angeboten, obwohl das Netz es nicht hergibt. Ein auf Rechtschutz spezialisierter Verkäufer belog meine Ärztin. Er behauptete, der jetzige Schaden würde nicht beglichen, wenn die neue Versicherung nicht genommen würde.

Prominente: Ich bin selbst mit Z – Promis weitläufig verwandt. Wir hatten die gleichen Tanten. Eine Prominente sagte im Dschungelcamp 2011: „ Du machst etwas, und dafür kriegst Du eine Million." Danke für diesen Einblick. Es ist also so, dass das Ganze einem Vertrieb ähnelt. Angebot und Nachfrage regeln also die Preise.

Genau so wie Deutsche am Wochenmarktstand überteuerte Oliven kaufen. Obwohl der Türke weiß, wo es gute Oliven günstig gibt. Und ein BMW 3er manchmal günstiger zu haben ist als ein Golf. Sind wir nun auf das Niveau gesunken? Wurde aber auch Zeit. Abläufe sind Abläufe.

Oder um es mit Otto Waalkes zu sagen: Eine Vase auf einem Brett: „Je kürzer das Sitt, desto eher das Bumm."

Kapitel 37

Depressionen, Größenwahn und ausgebrannt

Sieben gleiche Anzüge von Albert Einstein.

Als Produzent vieler Geschäfte wollte ich von meinen Geschäftspartnern sieben gleiche Anzüge.

Albert Einstein trug keine Socken in den Schuhen. Kämmte seine Haare selten. Machte sogar seiner Frau Auflagen, ihn nicht zu stören und anzusprechen.

Dies alles, um Zeit zu sparen. Routine als Lebenshilfe, damit er Zeit für Wichtiges hatte. Er hatte sieben gleiche Anzüge, um Zeit zu sparen. Die wollte ich auch.

Kapitel 38

Wie suchen Kunden Produkte aus?

Mutter Matthes sucht für ihren Sohn eine Berufsunfähigkeitversicherung und informiert sich in Heften der Stiftung Warentest. Sie ruft alle Versicherungsgesellschaften an und ist anschließend nicht schlauer als vorher.

Wichtige Tipps aber, wo wer wen aufnimmt oder dass es auf die Bruttobeiträge ankommt, weiß sie nicht.

Steuerberater werden durch Stiftung Warentest nicht getestet. Wenn sie einen Fehler machen, darf man selber dafür zahlen. Als Versicherungsmakler muss man Vorteile wie Nachteile benennen, ist sogar zu Schadensersatz angehalten und muss seine Courtage offen legen.

Autoverkäufer, denen man das nahe legt, werden oft ungehalten.

Gut zu erreichen sollte man sein, das heißt so weit weg wie das nächste Telefon.

Das gilt für unsere Kunden von Spanien, Bern bis London - auch wenn wir Münster-Fans sind, so wie halt Andere ihre lebenswerte Stadt haben.

Welche Produkte werden angeboten?

Es hält sich das Gerücht das, Bestattungsunternehmen drei Kataloge haben können. Einer für gute Stadtteile, einen für mittlere und schließlich einen für ärmere Orte. Alle mit den gleichen Särgen, nur mit unterschiedlichen Preisen.

Kapitel 39

Dinge kaufen, die man nicht braucht, mit Geld, was man nicht hat, um Leute zu beeindrucken, die man nicht mag.

Ich will deinen Mut überhaupt nicht dämpfen. Auch ich habe eine Breitling Uhr. Wenn Du etwas willst, musst Du darum kämpfen.

Nur musst Du nicht dem Mammon hinterher laufen wie ich Jahre lang. Keiner hat gesagt, dass Leben ist leicht, besonders schwer ist es aber auch nicht. Wir brauchen sieben Lobe, nicht zu viel, nicht zu wenig. Dann sind wir mit dem Tag versöhnt.

Liebe die Menschen, sei einfühlsam. Kritisieren kann jeder, „Tun" ist angesagt. Wobei ein Küchenchef an der Ausgabe, die Ausnahme ist, weil hier Qualitätskontrolle angesagt ist. Also keine Regel ohne Ausnahme.

Seminare, Fortbildungen und Produkte

Trainer und Ansichten sind bewusstseinserweiternd. Aber wichtiger ist es, Freunde und Kollegen wiederfinden und wiedersehen.

Als freier Makler tun mir meine Kollegen gut, zumal sie mich persönlich stärken und mir symphatisch sind.

Es geht hier nicht ums Pfennigfuchsen. Wenn man etwas erreichen möchte, muss man Ausgaben tätigen. Gespart werden kann zwar beim Einkauf, trotzdem bereuen wir aber keinen Kauf eines Kundenverwaltungsprogramms. Eine günstige Miete, muss nicht erst ins Verdienen gebracht werden.

Ich persönlich war immer kritisch, was das Einkaufen in Vertriebe angeht. Nur wer zum Beispiel eine Kampfschule nicht übernimmt, wird es schwer haben, eine aufzubauen. Bei Arztpraxen sind 60.000 €

Mietspielgebühr nichts, dann muss man aber auch die Patienten allmählich an die neue Praxis gewöhnen. Zu schnell gemacht sowie zu modern, kann das Aus bedeuten. Selbst die Zeitungen, die ausliegen, sind von Bedeutung.

Wenn man von Laufkundschaft lebt, muss man

a) die Lage im Auge behalten und
b) möglichst keine Baustelle vor der Nase haben. Auch mal in die Zukunft sehen. Denn manchmal sind Bauarbeiten vor der Tür durch die Stadt angedacht. Man muss ja nicht zum Start drei Monate über Bretter gehen.

Wenn man sich für ein Ladenlokal interessiert, sollte man es eine Woche lang beobachten.

In Münster – Hiltrup gibt es eine beeindruckende Straßenkreuzung, an der einige Läden verlocken. Doch in den letzten sechzehn Jahren haben unzählige Geschäfte aufgemacht und mussten wieder schließen.

Der Chinese würde sagen: schlechtes Jos.

Ich sage, dass muss ich mir nicht antun. Entscheidend ist, wie viel Menschen gehen wann und wie auf das Geschäft zu oder dran vorbei. Weiterhin ist auch eine ausreichende Parkplatzsituation von enormer Bedeutung.

Das alles sind Eckpunkte plus des Unternehmertums. Das heißt, der eine wird wirklich reich, der andere versagt. Trotzdem sollte man keinen verachten, dessen Geschäftsangelegenheit nicht erfolgreich ist, weil auch persönliche Gründe mitspielen können. Wer schreibt der bleibt, heißt in Verkauf. Wer Geschäft bringt, wird wohlwollend gesehen. Sich einen anderen Blickwinkel zu suchen, kann entscheidend sein.

Kapitel 40

Unternehmensberater

Dieser Begriff ist nicht geschützt. Die größte Welle in diesem Wasserglas machen jene, die nur Stellen abbauen.

Einer unserer Kunden wollte einen Unternehmensberater (einen alten Hasen) für seine neue Firmenlenkung für sich gewinnen. Dieser Vollkaufmann hat nicht nur Firmen gerettet, sondern in 1 ½ Jahren die Angestellten verdreifacht.

Ein Gastronomie-Zulieferer macht nebenbei seine Partner zu Unternehmern, weil erklärt wird, dass nicht alles in der Kasse Gewinn ist.

Ein mir lieber Kollege hat sich auf Apotheken spezialisiert und nimmt seinen Gewinn von der Einsparung im Einkauf. In Zukunft werden wir mehr Erfahrung in diesem Bereich sammeln. Nicht jeder, der sich Coach nennt, ist auch ein Unternehmensretter ist. Leider ist der Markt zurzeit undurchsichtig.

Rating-Agenturen (aus den USA) zum Beispiel haben Windeier super bewertet (Krise 2008, halten sich selbst für klasse, sogar unfehlbar) und ganze Länder für Bankrot erklärt. Man kann sogar die Politik dahinter vermuten. Den Euro zu schädigen, nutzt dem Dollar. Auch hier gilt, wer die größte Welle macht, hat vermeintlich Recht.

Die Staatenlenker geben zu oft und zu schnell Großbanken nach. Bezahlen dürfen wir das Ganze. Reich ohne Arbeit werden andere. Siehe Boni für schlechte Arbeit.

Man ist angesagter, als der, der die Suppe auslöffeln darf. Diese Aushöhlung stellt unsere Staatsform leider in Frage. Aber grade die Demokratie ist unser bester Exportschlager.

Das Alles ist Futter für Demagogen. Wer kann gefühllos dem englischen Volk erklären, das ihre Betriebliche Zusatzversorgung, in die brav eingezahlt wurde, zusammengestrichen wurde, und wird, aber England für die Welt Opfer bringen muss, sowohl Geld als auch Blut während Rentner zu Hause erfrieren.

Kapitel 41

Leads-Anfragen aus den Medien

Leads sind auch eine Möglichkeit, Kunden zu generieren. Der Königsweg sind Leads jedoch nicht. Denn die einzigen Gewinner sind die unzähligen Leadsanbieter selber (die meisten davon sind absolut unseriös). Also lieber eigene Erfahrungen sammeln. Da viele Kollegen eh nicht gerne telefonieren (Hilfe anbieten), ist dieser Weg eher ungeeignet.

Werbeaktionen

Hier bitte, (das Präsent) und das eigentliche Geschenk bin ich. Ich nehme mir Zeit für Ihre Belange.

Je selbstverständlicher Sie sind, desto besser ist Ihr Auftreten, werden Sie als nutzbringend angesehen. All das sind also Aufhänger und Krücken, wobei ich einem Kollegen sagen möchte, einen Bestand zu bekommen, ist eine andere Art der Kundengewinnung. Es soll also Spaß machen, Ihnen und dem Kunden. Denn wie können Sie etwas ausstrahlen, was Sie nicht leben?

In Zukunft werde ich interessante Firmen kontaktieren mit dem Aufhänger „Der Verkaufsmensch", und einfach gut tun und im zweiten Schritt erst meine Dienstleistung als Makler anbringen, wobei wir uns als Verkäufer sehen, und nicht als Coaches.

Kapitel 42

Geschichten

Der weltgewandte Sohn, der das Unternehmen des Vaters übernimmt, hat keine Garantie, dass er das Geschäft halten kann, auch wenn er sich noch so sehr engagiert. Manch ein Trainer sagt, es gibt kein Glück. Diesem jungen Familienvater wünschen wir aber etwas Glück sowie Stetigkeit.

Als wahrem Unternehmer kann ihm im Laufe der Jahre alles passieren. Barfuss oder Lackschuh stehen zur Auswahl. Das Entscheidende ist, dass er auf dem Weg Spaß hat und sich und seine Lieben nicht vernachlässigt.

Da gab es noch die ältere Dame aus Köln. Diese wollte unbedingt auf ihre alten Tage eine Hausratversicherung. Grund waren ihre teuren Teppiche, die wie bei meinen Eltern von Katzen ruiniert wurden, und ihr Gold, welches es anscheinend gab, wenn der Mann ins Eroscenter ging. Ich ermittelte den wahren Wert und schloss den Schmuck gesondert ein. Das Beispiel habe ich deswegen aufgeführt, um zu zeigen, dass jeder andere Bedürfnisse hat und man manchmal keine Empfehlung wie die Nichte umsetzen kann.

Die junge Frau, die mit dem Manager (Sachbearbeiter) der Arge (Agentur für Arbeit) etwas hatte. So ein Karriereluder! Sie war aus dem gleichen Holz wie die Außendienstlerin, die dem Bezirksdirektor an die Wäsche ging (wegen schlechter Zahlen), nur dass dieser schreiend aus seinem Büro kam, fand ich etwas weltfremd. "Ein Teufelskreis" (TV Kaiser).

Und dann noch die Hotelfachfrau mit gro-ßer Oberweite, die als Kellnerin bei den Dorfprinzen (bedeutet: in ihrem Dorf beim Stammtisch) Trinkgeld erschmuste.

So wie die Frisörin, die wie zufällig Einen streifte (vielleicht wurde ja so der Lapdance erfunden).

Ich sehe darin Talent, sich zu verkaufen. Nur über die Produktwahl müsste ich noch nachdenken. Faulheit und Bequemlichkeit hindern hier wohl. Die beste Freundin der Kellnerin sah Beischlaf mit Vorgesetzten als Karrieremittel an.

Was macht man nicht alles, um nicht arbeiten zu müssen. Aber müht man sich nicht unterm Strich genauso ab? Andere für sich arbeiten zu lassen, ist hier der Teufelskreis.

Übrigens, das kölnische Original Lichter, der meines Wissens nach an einem alten Herd kocht, bringt den Begriff „Lecker" wieder in die Unterhaltung und ist damit nicht der schlechteste Verkäufer sowie Unterhalter. Er ist halt ein Vollblut-Koch.

Nicht nur Al Bundy verkaufte Schuhe, sondern auch George Clooney. Und manche Fernsehprominenz hat als Börsenmakler oder bei Versicherungen angefangen.

Dass man die Nerven behalten sollte, zeigt das folgende Beispiel: Ein befreundeter Diplom Ingenieur entwarf eine Schalttafel für einen arabischen Staat- nur leider seitenverkehrt. Es kam aber nie eine Reklamation.

Und dass Glück relativ ist, sieht man am Folgenden: Eine große Versicherungsgesellschaft sendete uns ein Weihnachtspräsent (Flaschen teure Öle) in einem Karton. Dieser Karton ist jetzt das Größte für unsere Perserkatze. Sie sitzt drin, schläft drin, lässt sich drin schmusen und ärgern.

Dass Beschiss - auch nach der Krise – nicht aufhört, sieht man daran, dass Einige bei Hypotheken die doppelte Finanzierungssumme anbieten und obendrein einen Bausparvertrag, der damit schneller zuteilungsreif werden soll.

Das Gesetz der großen Zahl ist nicht nur im Vertrieb entscheidend, sondern auch bei dem Geschäftsinhaber, der gerne Frauen nach hinten einlädt, denn ab und zu kommt eine mit.

Dass fast alles aus Zwängen kommt, zeigt auch der Nachbar, der sein Auto - eine Familienkutsche - mit einem gewaltigen Doppelrohr versah, nachdem er unseres gesehen hatte.

Da war noch der Börsenmakler, der sich jeden Morgen vom gleichen Taxifahrer vom Bahnhof zur Arbeit fahren ließ, bis dieser eine Kapitalanlage zeichnete. Derselbe Makler schrieb auf Anrufzettel bei garstigen Telefonaten „Kunde sehr interessiert".

Einige meiner geschätzten Maklerkollegen sind von jemandem unterwiesen worden, der grundsätzlich mit Chauffeur vorfuhr. Das ist natürlich klasse, wenn man gelebten Größenwahn miterleben kann!

Erwähnt sei hier auch der Makler aus dem Düsseldorfer-Raum, welcher an einen Bankdirektor aus Berlin weitergereicht wurde, und ihn dort mit Rentenversicherungen diverser Arten (betriebliche Altersvorsorge, Riester und Rürup) sowie Kapitalanlagen beglückte.

Im Nachkriegsdeutschland musste manch ein Kind Hundefutter essen. Die Mutter machte es schmackhaft, indem Sie hervorhob, dass es für englische Hunde gedacht war.

Piercings und Verkauf

Ein lieber Kollege zieht sein Zungenpiercing heraus, wenn er zum Termin geht. Selbst ein Lude erwartet von einem Verkäufer Anzug und Krawatte, also keine Nasenpiercings.

Jeder Fortschritt wurde für unmöglich erklärt, musste also erst einmal verkauft werden.

Ein Internet-Verkäufer verkaufte das Ungreifbare greifbar. Er beschrieb, wie oft man Kontakt bekommt mit Interessenten. So verkaufte er eine Dienstleistung, die kaum etwas kostet, zu hohem Preis. Der Traum eines jeden BWL-Studenten.

Hier wird die Gier angesprochen. Ich unterstelle einmal, dass Produkt taugt etwas. Dann zieht hier die Gier, wie bei mancher Werbungsverkaufsmasche. Ich erinnere nur an Herrn Wieland.

Obama ist der Erste in Sozialen Netzwerken präsente Staatenlenker. Nur dass er das Jackett auszog und das Hemd hochkrempelte, ist Show – oder VERKAUF.

Zeiten ändern sich. Als Rudolf Valentino eine Armbanduhr an hatte, wurde dies als weiblich abgetan. Heute ist eine Herrenuhr der männlichste Schmuck.

Es gibt sogar immer noch Verkäufer, die unsere Branche in Verruf bringen, weil sie von Profitgier getrieben sind: Im Übrigen kann man leicht verkaufen, wenn man Lebensversicherungen kündigt und in Aktienfonds anlegt, weil man sich auf z.B. Stiftung Warentest berufen kann. Sogar Lebensversicherungen nach dem alten Recht werden schlecht gemacht. Ich unterstelle, dass man gar nicht weiß, welchen Schaden man anrichtet. Der Kunde ist solange ahnungslos, bis er aufgeklärt wird, oft durch uns. Und sehr oft muss ich dem Kunden eine schlechte Nachricht überbringen, wenn ich seine bisherigen Versicherungen überprüfe und feststelle, dass ein Anderer beim Kunden verbrannte Erde hinterlassen hat.

Ausgefuchst ist auch, Kunden zu sagen, man nehme nur gut Betuchte als Spielpartner. Wo bei auch hier, der gesunde Menschenverstand teilweise fehlt. Warum soll man in Ölfonds investieren? Hatten die Jungs aus Dallas nicht immer genug Geld? Warum sollten die den Gewinn denn teilen? Warum brauchen die mich in Ihrem Fonds? „Verwirren" wird halt gerne bei Kapitalanlagen benutzt. Undurchsichtigkeit wird hier zu recht kritisiert. Oder ein altes Büro- Hochhaus in Frankfurt am Main wird mal eben von einer Bank, dem das Gebäude sowieso gehört, als Fonds aufgelegt und als inflationssicher dargestellt.

Unternehmensberater sagen gerne, „Wir nehmen nichts von Ihnen (keine Provision)". 2011 kann man aber 4000 € für solche Dienste zum Beispiel von der IHK generieren. Ein solch Beratener sagte mir, danke für meine Tipps (als Verkaufsmensch) und verstand nicht, wofür der Unternehmensberater (lässt Visitenkarten in eine Nachbarland für 50 € machen und verkauft sie für 150 €) sein Geld bekam. Der Jungunternehmer sah darin Betrug, ich sah darin ein zu kleines Geschäft. Was wir letztlich alle zahlen, zum Beispiel als IHK-Mitglied sind die 4000 € für 40 Stunden zu 100 €, wobei der Beratene seine Begeisterung über den Einsatz kaum in Worte fassen konnte. Die teuere goldene Uhr des Beratenden kam auch nicht so gut an. Wo ist hier der Dienstleistungsgedanke?

Zwei Sachsen im Münsterland oder Opfer der Großbank

Zwei zugewanderte Sachsen, die ins schöne Münsterland wegen der Arbeit gezogen sind, wohnen in einem wunderschönen Mietshaus, welches sie im Rohbau übernommen haben. Sie haben das Haus auf eigene Kosten ausgebaut und sich dafür verschuldet. Durch eine fünfmonatige Arbeitslosigkeit des einen Ehepartners waren sie gezwungen, die monatlichen Kosten zu senken, um die

„mageren" Zeiten zu überbrücken. Die Bank hat sich auf kein Gespräch mit den Vertragspartnern eingelassen, es ging um 400 € monatlich. Das Ehepaar ging daraufhin zur Schuldnerberatung in dem Glauben, dass ihnen dort geholfen wird und wurde. Folgendes passierte: Aus Versehen teile eine unsachkundige Mitarbeiterin der Schuldnerberatung der Bank mit, dass das Ehepaar ein Insolvenzverfahren eröffnet hätte, was nicht der Wahrheit entsprach. Seit dieser Zeit geht es dem Ehepaar schlecht. Sie haben einen Negativeintrag in der Schufa und können nicht mehr am normalen Geschäftsleben teilnehmen. Ein eingeschalteter Rechtsanwalt hat auch nichts erreicht. Die Bank verweigert jegliche Termine, auch dem Rechtsanwalt. Die Bank hat diesen Geschäftsvorgang der (bankeigenen) Inkassoabteilung weitergegeben. Das Ehepaar hat den Glauben fast verloren. Was ihnen noch bleib ist die Tatsache, dass der Kredit in einem Jahr abbezahlt ist. Und dann müssen Sie noch drei Jahre warten bis sie wieder leben dürfen.

Kapitel 43

BilMoG und die Betriebliche Altersvorsorge

Übrigens: BilMoG ist doch ein idealer Name für Ihren World-of-Warkraft-Charakter. Das Bilanzrechts-Modernisierungs-Gesetz (BilMoG) ist auch der Unterschied zwischen Gelegenheitstätern und Fachleuten im Thema Betriebliche Altersvorsorge (BAV). Darüber gleich mehr. Die Betriebliche Altersvorsorge ist einer der wenigen Fremdakquisewege, die noch zugelassen sind. Also sollte man sich auskennen, denn es gibt steuerliche Fallstricke in der Versorgung von Gesellschafter-Geschäftsführern. Verkauft wird von oben nach unten. Also an die Chefs und erst dann an die 400 €-Kräfte.

Zu dem Bilanzrechts-Modernisierungs-Gesetz ist zu sagen, dass es bei uns noch sehr kompliziert ist. In anderen Ländern ist die Betriebliche Absicherung verbreiteter.

Kapitel 44

Referenzen

Gerade in den heutigen Tagen fragt man sich, wie werden Empfehlungen gegeben und wie bekomme ich Mitarbeiter? Ganz klar, in Strukturvertrieben werden ganze Armeen ausgehoben.

Wenn Sie sich aber irgendwann sagen, ich verkaufe hauptsächlich Versicherungen, also bin mal so ehrlich zu mir selbst und gehe zur Pfefferminzia Versicherung als Vertreter und weine nicht nachts in meine Kissen als Finanzberater, weil ich halt Versicherungen verkaufe, dann ist das nur konsequent.

Lieber junger (interessierter) Leser, wenn Sie sich für den Außendienst interessieren, kann alles passieren.

Ihre Teilzeitlebensgefährtin mag Sie nicht mehr, weil Sie Ihre Persönlichkeit an sich entdecken. Oder/und Sie haben auf den für Sie falschen Vertriebsweg gesetzt.

Auch immer wieder gerne genommen: Sie sind Verkäufer und Ihre Lebenspartnerin wird von ihrer Chefin als „Struki" (Strukturvertriebler) geworben und in den Augen Ihrer Liebsten gönnen Sie ihr nicht, dass sie als unqualifizierte Kraft gut verkauft.

Nun mal mit System: Empfehlungen, die oft als Lösung aller Probleme angepriesen werden. Manchmal ist es so, dass ein Kunde nach Jahren selbst zum Empfehlungsgeber wird (so viel zum Überleben mit Leben).

Ein paar Möglichkeiten:

Erste Chance:

Der Zeitpunkt ist immer da, solange keine dicke Luft vorhanden ist. Gleich bei der Vorstellung zu sagen „Ich gehe davon aus, dass sie mich weiterempfehlen." kann zwei Reaktionen hervorrufen: Ablehnung oder Erwartung (Begeistern ist angesagt), was im Wesentlichen an Ihrem Auftreten liegt. Auch hier geht es um Natürlichkeit.

Der Kunde hat Feuer gefangen und empfiehlt Sie im Erstgespräch. Diese Schiene können Sie ausleben und fünf Interessenten gleichzeitig in Neugier halten. Sie können sogar damit drohen, den Antrag, den sie mit dem Kunden erarbeitet haben, zu zerreißen, weil Ihre eigentliche Anerkennung die Empfehlung ist.

Zweite Chance:

Es gibt Empfehlungssätze, die sogar geschützt sind. In Zeiten des Internet überholt sie die Entwicklung der Sprache, was nur recht und billig ist. Als Verkäufer wurde ich Jahrzehnte geschult, deshalb weiß ich auch nicht, wer und wann auf welche Idee kam. Selber etwas zu entwickeln, gelingt nur aufgrund schon bestehender Abläufe und Sätze. Dieser Beruf lebt vom Nachahmen.

In der Autoentwicklung setzt man ja auch auf Altbewährtes. Klassisch beim Abschluss: Nicht bedanken, sondern motivieren mit Gefühl, um kein Loch zu reißen. Träumen zulassen, vergisst man gerne im Alltag. Die Zukunft muss gezeigt werden. Jetzt Träumen lassen mit Wenn-Formulierungen. Keine Totenköpfe malen, gerne aber Geschichten erzählen bis hin zu der Annahme, dass der Kunde zurückblickend sagt: „Alles richtig gemacht mit Frau/Herrn Verkäufer."

„Nein" ist ein Problem, weil man es im täglichen Leben benutzt und es viel zu schnell gesagt wird. Ja- und Nein-Fragen sollte man also umgehen. Der Kunde hat nach Beratung und Abschluss erkannt, was er für einen Wissensvorsprung er durch Sie hat. Deswegen sollte er seinen Freunden den Gefallen tun und Sie bekannt machen.

Allen ist eine solche Beratung von Nutzen, wer soll denn davon profitieren? Man fragt nach privaten und geschäftlichen Kontakten, wen er gern hat. Mit wem unterhält er sich? Und warum? Info, Info, Info! Sie bleiben im Gespräch, darüber hinaus erhalten Sie noch eine Festigung Ihres Gespräches. Warum gerade der? Erzählen Sie doch mal!

Ich kannte einmal einen Verkäufer, der an den Wänden Empfehlungsbäume wie Stammbäume hatte. Es soll Gutes für Freunde getan werden. Der Verkäufer muss sich klar werden, welche Einwände kommen und eigene Antworten finden. Einfach und kurz, aber nicht zu kurz, sollte man auf das Gegenüber eingehen. Zum Kunden: „Möchten Sie nicht, dass der … nicht auch die Vorteile nutzt?"

Rhetorikkünste jetzt anzubringen, ist unnatürlich. Soll heißen, zwei oder drei Worte mit gleichem Anfang (Folgende faire Vereinbarung) sind nicht am rechten

Platz (nützlich aber bei Fremdakquise-
telefonaten).

Eines habe ich nie getan, nämlich eine
Empfehlung ohne Namen des Kunden zu
bearbeiten, weil das für mich keine Empfehlung ist. Ja, es gab sogar einen Verkäufer, der vorgab, empfohlen worden zu sein
und den Telefonpartner als Kunden
gewann. Nach Jahren erst gab er zu, nicht
ehrlich gewesen zu sein. Das Ganze führt
zur Irritation beim Kunden und mir.

Dritte Chance:

Die Betreuung des Kunden mindestens
einmal pro Jahr. Ganz natürlich nachfragen, ob es jemanden gibt, dem sie helfen
können, z.B. Aufwerten, indem Sie fragen,
ob ein gleichgestellter Freund es wert ist,
empfohlen zu werden. Für
Produktverkäufer: Um das Produkt noch
interessanter zu machen, auch Freunden
das Gleiche anbieten (damit der Fonds
größer und stabiler wird). Auf jeden Fall

den Empfehlungsgeber stetig informieren, also auf dem Laufenden halten, soweit es der Datenschutz zu lässt, damit es normal und interessant bleibt, Sie weiter zu reichen.

Kein Besitz macht Freude, wenn der Freund fehlt. (Seneca).

Kapitel 45

Mitarbeiter/Außendienstler

Wie oft habe ich schon Leute getroffen, die Macht über Andere, also Mitarbeiter ausleben wollen. Bitte so nicht. Entweder Sie binden gute Außendienstler an sich, in dem Sie ihre Schwächen kompensieren, oder Alles geht schief oder der bisher mit der Hälfte der Provision Rumgelaufene gönnt Ihnen die 15% nicht, ist also gierig und nicht mehr produktiv. Was für ein Witz. Aber Sie sind Person in dieser Posse. Schlechte Mitarbeiter sind gut zu finden. Leuten, die bei Ihnen ausscheiden, zu sagen, sie schaffen es auch nirgendwo anders, wenn es ihnen bei Ihnen nicht gelingt, erfolgreich zu sein, ist ebenso stillos.

Zum Schluss wirklich Gute, die zu freien Kaufleuten werden, werden auch selbstständig und/oder möchten keine Bezirksdirektion (Bezirksdirektionen leben ja auch von ihren Mitarbeitern) oder Profitcenter mitfinanzieren.

Als Jungunternehmer sollte man speziell in den Werbeberufen auch seinen Preis haben. Wobei ich doch etwas geschockt war von dem Werbefachmann, der in Marbella lebt und meinte, seine virtuelle Präsenz müsste uns 3000 € pro Jahr wert sein. Er verkauft sich teuer und ist auf diversen Social-Media-Seiten sehr präsent und jetzt kommt der Clou: Seine eigene Internetseite und seine Kommentare in seinen Blogs usw. strotzen nur so vor lauter Schreibfehlern! Ein Beispiel für schlechten Verkauf.

Man, der muss ja gut sein! Zu gut für uns. Glauben sie bloß nicht, dem geht es schlecht. Oder der arbeitet sich ja kaputt. So wie Einer, der sich unheimlich anstrengt für seine Kunden und in der Preisverhandlung   versagt.

Kapitel 46

Apropos Kosten

Rechtsanwälte, Notare, Steuerberater und Unternehmensberater, die übrigens gerne Kosten verursachen, kosten im Jahr leicht das, was ein freier Makler an Courtage kostet. Nur dass sofort abgerechnet wird ohne Stornohaftungszeit. Gerne jedes Jahr neu.

Eine liebe Kundin und Freundin hatte einen Friseursalon in der City. Der Unternehmensberater kostete sie 2500 €, die von der IHK übernommen wurden. Das Unternehmen ging pleite, aber dem Unternehmensberater war das Geld sicher, während wir als Makler noch immer mit Rat und Tat zur Seite stehen. Auch hier gilt wie in jeder Branche: Es gibt auch schwarze Schafe. Nur wie kann man sie erkennen?

Am Auftreten wohl kaum - am genauen Arbeiten wohl eher. Letztlich erkennt der Kunde erst nach Jahren oder nach einer Schadensabwicklung, an wen man geraten ist. Ich selbst bin auch nicht gefeit davor. Zu misstrauend zu sein, macht auch keinen Spaß. Angebote zu sammeln ist aber auch keine Option.

Liebe Menschen, die uns weiter empfohlen haben: es ist richtig gewesen. Und danke für ihr Vertrauen, denn das macht das Leben mit lebenswert.

Kapitel 47

Strom, Telefon, Banken, Zertifikate - Ich verkaufe alles außer Tiernahrung

Der Bauchladen geht auf, das kann es nicht sein. Wenn Bedarf z.B. an Zertifikaten besteht, bitte ich persönlich einen Investmentfachmann/-frau dieses zu betreuen. Die Landwirte pflanzen ja auch keine Tomoffel, eine Kreuzung zwischen den Kulturpflanzen Tomate und Kartoffel, die vielleicht schmeckt, aber nichts Halbes und nichts Ganzes hervor bringt.

Und da sind noch die Spezialisten, die Gas, Strom, Telefon, Krankenkassen, usw. optimieren. Das ganze führt zur Unglaubwürdigkeit, aber für mache Versicherungsmakler ist das die Zukunft des Verkaufs.

Kapitel 48

Und wenn jemand meint…

…er könne einen Berater ausfragen, um anschließend bei einer Direktversicherung abzuschließen, die erstens keine Haftung im Sinne der Beratung übernimmt und nebenbei einem Großkonzern gehört, der hat nicht verstanden, dass er mit einem Spezialisten zusammen war.

Mein Fehler als Verkäufer: der Fehler beim Verkauf heißt, beim Sender kann man etwas ändern, nicht beim Empfänger, denn den Empfänger, den Kunden, kann man nicht ändern.

Kapitel 49

Apropos besser, schöner, toller, …

Es gab noch bis vor kurzem eine Private Krankenversicherungsgesellschaft, dessen Mutterkonzern auch gerne Waschmaschinen anbot. Nun, ich werde untersucht und theoretisch bin ich, wie die anderen in diesem Tarif, topgesund. Dass man in der Krankenversicherung (so Spezialisten, Aktuare) nur sechs Jahre kalkulieren kann, ist das eine und das andere, dass ich nach zwei Jahren Prostata-Krebs bekommen kann, und der Tarif an einen Großkonzern verkauft wird, ohne dass ich irgendeine Sicherheit habe, macht mich auch nicht froh und selbstbestimmt. Man sollte sich auf seine Kernaufgaben konzentrieren, deshalb gibt es diese Gesellschaft nicht mehr.

Kapitel 50

Ich will nur das Beste für meinen Kunden

Um es einmal klar gesagt zu haben, mein Kunde muss nicht alle Verträge bei mir haben. Er muss aber wissen, dass ich der Beste für ihn bin. Muss man denn bei minimalen oder gar keinen Preisvorteilen wechseln? Klar, wenn Vorteile sichtbar werden, dann nur zu. Aber bitte nicht gerade im Lebensversicherungsbereich kündigen, bei denen geldwerte Vorteile und Leistungen untergehen.

Bei der Krankenversicherung zu soliden Gesellschaften wechseln, macht nur dann Sinn, wenn die Gesundheit und der Zeitpunkt (das Alter) passen, d. h. wenn sich der Kunde sich in Preis und Leistung verbessert und die Rücklagen/Alterungsrückstellungen mitnehmbar sind.

Kapitel 51

Zum besseren Verständnis

Ärzte haben spezielle Tarife in der Krankenversicherung. Diese Tarife haben einige Vorteile. Nur da Ärzte, wenn sie denn dann ans Arbeiten kommen, viel/sehr viel arbeiten und gerne alles an ihrem Körper ergründen lassen, werden ab dem 40. Lebensjahr die Tarife langsam teuer. Alternativ ist eine Krankenversicherung mit einem Einbett-/Zweibetttarif mit Chefarzt für Normalsterbliche mit einem geringen Selbstbehalt stabiler in der Preisentwicklung. Nebenbei hilft der Arztkollege gerne mal dem anderen Arzt kostengünstig.

Merke: Das Produkt ist wichtig, ebenso wichtig ist aber auch die Frage, was kann ich damit abdecken, wann und wie nutzt es und unter welchen Bedingungen ist davon abzuraten?

Deswegen sind Spezialisten, die nebenbei auch nicht teurer sein müssen, gegenüber anderen Vertriebswegen zu bevorzugen. So wie das Dichten mit einem Steputat (Reimverzeichnis) leichter fällt.

Kapitel 52

Wie bekomme ich Kunden?

Es gibt Trainer, die für sehr viel Geld mit Ihnen in Gewerbegebiete gehen und Kaltakquise betreiben. Mir war das Geld zu schade und ich bin ohne eine Verbindung (Altvertrag, Bestand, Empfehlungen) zu den Selbstständigen gegangen. Letztendlich habe ich mich zum Bittsteller gemacht ohne Belohnung. Aufhänger sind bei der Kundenakquise wichtig.

Kapitel 53

Werbung und Golf

Haben sie Sex oder spielen sie schon Golf? Ja, ich habe Kollegen, die Golf spielen. Ich werde aber keine Werbung auf einem Golfwagen von 30 mal 25 cm für 470 € p.a. kaufen (pro Jahr), weil dieser Platz acht Löcher, keine Gastronomie und einige Hochspannungsmasten hat. Sollte es mich einmal umtreiben, kann ich zum Beispiel in Portugal ein gutes Handicap erwerben und dadurch auch bei guten Grünanlagen Mitglied werden. Aber ich bin nicht der gelangweilte Großindustrielle, der hier Spielkameraden findet.

Also im günstigen und guten Fitnessstudio sehe ich eher den Kunden, der sich nicht nur stählt, sondern sich auch positiv hervortut: „Ja, auch ich habe mir einen Waschbärbauch antrainiert ".

Guck Weg!

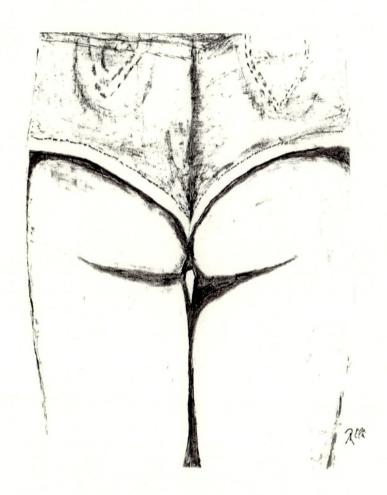

Kapitel 54

**Man weiß es nicht
(Zitat Stephan Raab)**

Welchen Wert hat eine Immobilie als Altersversorgung?

Die zweite Miete (Nebenkosten) steigt. Wenn man eines Tages keine Hypothek mehr bedient, geht aber die Hälfte der monatlichen Ersparnis für Sanierung und zweite Miete drauf.

Es ist besser, eine Immobilie zu haben als keine. Nur wie bekommt man sie verkauft, wenn man ins Altersheim will und zwischen Ghetto und Stadion lebt. Das man keine Alternativen hat zu warten, oder kein Geld in der Hinterhand, sorgt dafür, dass die Zeit nicht für einen spielt.

Immer zählt: Lage. Lage. Lage.

Beispiel Sabrina G.: Sie hat in jungen Jahren eine kleine überteuerte Wohnung mit einem Kumpel gekauft. Die Lage der Immobilie ist sehr ungünstig ländlich gelegen. Obwohl beide jahrelang die Immobile abzahlten und einen Mieter für die 35 qm hatten, hat sie das in die Privatinsolvenz getrieben. Die Zwei wollten Steuern sparen, sind sich heute jedoch nicht mehr grün. Den Beiden hätte das, was mir ein sehr erfolgreicher Verkäufer einer staatlichen Bank sagte, wahrscheinlich gut gestanden. Was man vermietet, sollte man noch vom Kirchturm sehen können.

Schrottimmobilienkredite

Ist ein Fachbegriff, für zu hoch bewertete Wohnungen. Beschiss als größte Form der Persönlichkeitsfindung (siehe Kapitel 28-Trainer) hat manch ein Herzleiden verursacht. Beim Kunden und Verkäufern. Sprachlos und hilflos zu sein, macht Keinem Freude. Das genau ist nebenbei auch eine Ursache für die Finanzkrise. Wenn man am Hebel sitzt, sich nicht nur dumm, sondern auch dämlich verdienen zu wollen, mündet darin, dass wir alle die Banken retten. Selbst die Politik hat gemerkt, dass die Ursache nach wie vor besteht.

Globalplayer

In Amerika unterstellt man einer deutschen Bank, Ghettos von Obdachlosen entstehen zu lassen, weil man die Menschen einfach rausschmeißt. Nur weil man es kann und die Häuser lieber leer stehen lässt. Wie gut, dass die Öffentlichkeit auf Dauer vergisst und man sich als mächtiges Unternehmen präsentiert.

Immobilien-Panikmache

Sie zahlen Miete? Beim Kauf bezahle ich das Gleiche an die Bank oben drauf, nur zum Schluss gehört mir das Objekt. Das Risiko ist aber auch mit dabei.

Ein Freund hat eine Abhandlung über die Sicht auf Immobilien im angloamerikanischen Raum und Europa geschrieben. Man sieht es dort lockerer, und kauft in der Regel nicht des Status wegen, sondern als Anlage die auch verkauft oder getauscht wird.

An der Problematik, dass einer Geld nachgeworfen bekommt, der schon liquide ist und man mit Handschlag begrüßt wird, wenn man ordentlich Schulden hat, ist leider nicht zu rütteln. Dass aber keine flexible Risiken hier in Deutschland beliehen werden liegt auch daran, dass die Bank im Ausland jedes Risiko eingeht. Das, weil der Einzige dem man verpflichtet ist, der Großaktionär und der eigene Vorstand ist. Maßlos vernünftig?

Kapitel 55

Rechengrößen

Rechengrößen sagen wenig über Felle aus. Was ein Problem darstellt in der Berufsunfähigkeit und dem Krankentagegeld, merkt man oft zu spät, da man als Normalbürger Spezialisten nicht von Drückern unterscheiden kann. Mögliche Einnahmequellen, wenn man keine Berufsunfähigkeitsversicherung abgeschlossen hat, die Krankengeldzahlung der Krankenversicherung ausgelaufen ist und man wegen Krankheit/Unfall nicht arbeiten kann:

Gesetzliche Erwerbsminderungsrente
Arbeitslosengeld I
Arbeitslosengeld II (Hartz 4)
Grundsicherung
Verwandtschaft/Partner
Lottogewinn/Erspartes

Altersrente als Problem, geringe Zuzahlung zur Krankenversicherung sowie Besteuerung. 25000 € aus der Betrieblichen Altersvorsorge kosten auch Krankenkasse auf die nächsten fünf Jahre hochgerechnet. Erbschaft, Immobilien, Kapital, Unternehmen können auch ein Teil der Altersabsicherung sein. Man weiß es erst am Schluss! Drum wünsche ich mir informierte Gesprächpartner.

Kapitel 56

Lebenserwartung und Renten

Wenn Sie heute 25 Jahre alt sind, liegt ihre durchschnittliche Lebenserwartung bei 87,4 Jahren (Stand 2010). Statistisch gesehen steigt die Lebenserwartung mit zunehmendem Alter. Wenn Sie erst einmal 65 sind, liegt Ihre Lebenserwartung bei 89,9 Jahren und mit 80 Jahren schon bei 92,5 Jahren (weibliche Daten 25 J=92, 65 J=94, und mit 80 J =95,6). Und ein immer noch quietschfideler 107-jähriger niederländischer Entertainer, der mit 104 Jahren aus Liebe zu seiner Frau mit dem Rauchen aufgehört hat, wird manchen überleben. Siehe Japan 2011.

Je höher Ihre Lebenserwartung ist, desto länger ist auch die Dauer Ihres Ruhestandes und damit die Zeit, für die Sie finanziell vorsorgen müssen.

Übrigens: Würdenträger gratulierten früher jedem 100-jährigem. Es gibt nur langsam zu viele, so dass man davon absieht.

Sicherheit macht frei, also befreien Sie sich. Denn künftige Bedürfnisse werden, nicht automatisch kleiner. Ich hoffe für Sie, dass diese sachliche Argumentation anrührt. Es ist nicht leicht, Bedenken zu zerstreuen. Oft unterliegen wir ja alle Stimmungsschwankungen, unterliegen unseren Zwängen. Man sollte sich aber nicht treiben lassen.

Kapitel 57

Kundentypen

Die Beschreibung des Münsteraners, der alles ausschlägt und eigen ist, bei dem aber brachiale vorgebrachte Grobheit überzeugt („Der hat mir gesagt, worauf es ankommt"), ist zum Schmunzeln.

Ach ja, da gibt es auch all die Angebotssammler, die zum Vergleich alte Angebote heranziehen, aber sich nicht in die Unterlagen schauen lassen.

Frauen als Kunden, jede ist anders. Sich in einer von Lobbies geprägten Welt zu finden, ist nicht einfach. Nur der Typ abwehrende Hausfrau, zum Beispiel in Ostfriesland zu erleben, wo sie mir in den Tee Klümpchen auf Klümpchen Zucker in die Teetasse warf, war schräg und lustig.

Oftmals werden Zielgruppen an der Uni angegraben, allerdings so verwirrend und aggressiv, dass die Personen froh sind, wenn man natürlich mit Ihnen umgeht.

Diese Strukturen leben vom Arroganzverkauf und davon, dass der Kunde sich nicht eingestehen kann, dass er nicht auserwählt ist.

Kapitel 58

Wirtschaftliche Sicherheit

Wirtschaftliche Sicherheit macht frei. Selbst wen man ein Vorbild an Fleiß und Systematik ist, schützt einen das nicht vor den Wirren des Lebens.

Hilfsbereitschaft ist zwar schön, aber nicht einzuklagen. Was macht man ohne Schutz bei Haftpflichtschäden oder dem Arbeitskraftverlust? Es sind nicht Alle frei, die ihren Ketten spotten. (Gotthold Ephraim Lessing 1729-1782). Will heißen, vieles an Problemen ist seit Urzeiten bekannt.

Kapitel 59

Keine Angst

Keine Angst vor großen Verträgen. Zwar ist es risikoärmer fünf kleinere Verträge zu bekommen, aber es macht auch Spaß, ein großes Geschäft zu schreiben.

Ein Verkäufer sollte keine Scheu haben, zu nehmen. Denn wenn er den vermeintlich höheren Verdienst durch die vielen Stunden seiner Arbeit und Anstrengung teilt, erkennt er einen vernünftigen Stundenlohn.

„50 Cent" (Curtis James Jackson III) hat über seine Zeit als Dealer gesagt, dass er einen sehr geringen Stundenlohn hatte.

Ich sagte an anderer Stelle schon, ein Vermittler lebt durch sein Lebensgeschäft. Also die ganzen Liebesdienste, die meine Bestandskunden bekommen, refinanzieren sich durch teilweise hohe Einkünfte. Wobei ein, zwei Mal in einer sehr langen

Zeit der Kundenbeziehung so etwas passiert. Hingegen ein Rechtsanwalt schnell mit einer Rechnung per Hand ist und ein Steuerberater monatlich/jährlich den Lohn seiner Anstrengungen erhält.

Und der Unterschied zwischen Zahnärzten und Allgemeinmedizinern der ist, dass der Zahn-Kaufmann gerne routinemäßig Folgetermine vereinbart. Während der Allgemeinmediziner teilweise auf die zehn Euro verzichtet. Es ist aber richtig, dass der Zahnarzt darauf hinweist, dass er 2011 immer noch nach 1988 abrechnet.

Zu dem Bereich ist zu sagen, dass es inzwischen ein Studium wert ist, eine Praxis optimal aufzuteilen und zu bewirtschaften. Auch muss man anmerken, dass der Zahnarzt, welcher gerne mal einen Zahn zieht (+Zahnimplantat), besser dasteht, als der Kollege, der einen Zahn wieder aufbaut.

Angst, besser noch gehörig Respekt, sollten Sie nur haben, wenn sie in Köln mit dem Auto unterwegs sind und vor Ihnen ein „S"-uche „U"-nfall fährt und hinter Ihnen ein „B-ereifter „M"-örder.

Deshalb brauche ich kein Bungee-Jumping, ich lebe mein Leben auf der Überholspur sogar ohne Alkohol und Zigaretten sowie ohne Koks. Aber nicht ohne Liebe, die billigste und teuerste aller Drogen.

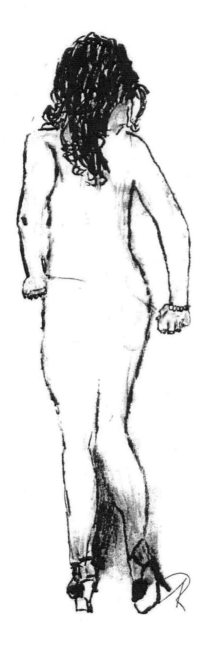

Kapitel 60

Was ist ein Sofa?

Obwohl man als guter Ansprechpartner einiges weiß und vernetzt ist, sollte man doch das Gespräch mit den Sozialversicherungsfachangestellten suchen.

Zum Beispiel um abzuklären, ob der Chef einer Firma vier Jahre Beiträge von der Rentenversicherungsanstalt und bis zu dreißig Jahre Sozialversicherungsbeiträge erstattet bekommt. Man muss ja nicht streiteslustig einen Anwalt auf die Frage ansetzen. Oftmals geben die Innendienstler beispielsweise von der Deutschen Rentenversicherungsanstalt einen intelligenten Gesprächspartner ab. Und so mancher wird, weil er Insider ist, eines Tages Versorgungslücken schließen als Verkäufer.

-Was ist ein Beckenbauer? Einer, der sich in zwei Sätzen dreimal widerspricht.-

Was ist Vitamin B?

Simon Nimmgern, der Sohn eines Mannes, der Chef von den Prüfern ist, wird nach seinem Studium im Sondertraining zur Prüfung Versicherungsfachmann gebracht. OK. Das Ganze ohne eine Versicherung verkauft zu haben, noch in den Vertrieb zu wollen. Die Fragen sind angebracht: Geht er ins Marketing? Mach ich mir nur Freunde mit dem Buch „Der Verkaufsmensch"?

Weiterbildung

Diesen Monat war ich mal wieder vier Tage auf Weiterbildung. Sie ist wichtig und richtig. Nur habe ich schon des Öfteren solches gehört, dass man ein Abitur nachholt, um zwei Monate Medizin zu studieren, um dann hinzuschmeißen. Die Abendschüler haben meine Hochachtung. Man sollte sich wie die alten Römer fragen: „Was ist der Sinn der Dinge?"

Dazu ist noch der erste Manager zu erwähnen, den ich kennen lernte. Als normaler Büroangestellter warf er sich vor den Fahrstuhl des Chefs, sagte den aufgebrachten Arbeitern: „Wenn ihr zu meinem Boss wollt, müsst ihr an mir vorbei." Ein blaues Auge und vier Monate Training weiter übernahm er eine der GmbHs der Holding. Unangenehme Sachen delegierte er und bis zu seinem Ruhestand wirtschaftete er die GmbH kaputt.

Kapitel 61

Versorgungsproblem

Sie können mit Sicherheit davon ausgehen, dass 80% der Bevölkerung im Alter kein Steuerproblem, sondern ein Versorgungsproblem haben wird, deswegen braucht der Verbraucher ein auf ihn und seine Belange zugeschnittenes Konzept, welches auch seine zukünftigen Lebensveränderungen weitestgehend berücksichtigt:

Erster Schritt: Basisversorgung

Zweiter Schritt: Zusatzversorgung

Dritter Schritt: Kapitalanlageprodukte, Verkauf des eigenen Unternehmens, Anlagen und ererbte Immobilien

Man weiß erst am Schluss, was und ob etwas dabei rumkommt. Wobei Schenkungen zum Beispiel zehn Jahre rückwirkend im Pflegefall aufgehoben werden können. Und geschenktes Geld, ist das schwerste Geld.

Wenn man dann noch flexibel in den Ruhestand will, also vielleicht nicht erst mit 67 Jahren, muss man so früh wie möglich etwas tun. Mit 69-70 ist schon angedacht, weil man ja im Moment theoretisch älter wird. Heutige Generationen sind aber kein fester Maßstab. Wer sich auf die Rente verlässt, dem ist sie sicher, nur wann? Geld zur freien Verfügung wird in Zukunft über Gesundheit und Lebensdauer entscheiden. In England ist der arbeitende Rentner schon normal. 60 als Einstiegsrente wird bald 62, sogar 64. Gut betuchte Rentner und Pensionäre von 2011 sind kein Maßstab bei leeren Kassen. Wann erhebt sich der deutsche Michel?

Und da ist noch der heute 68-jährige Handwerksmeister, der verdientermaßen mit 65 Jahren in Rente ging, mit seiner Ehefrau in seinem eigenen Haus lebt und eine Minirente aus der gesetzlichen

Rentenversicherung von 650 € erhält. Auf seinen schwarzen Mercedes SL will er dennoch nicht verzichten, denn der Wertverlust wäre zu hoch, wenn er sich nun einen Mercedes der A-Klasse kaufen würde und außerdem steht er nicht drauf. Auf die Frage, warum er denn nicht noch privat vorgesorgt hat, sagte er, er hätte an die gesetzliche Rentenversicherung geglaubt und die Rendite der privaten Geldanlage wäre ihm zu niedrig gewesen. Heute hat er zwar auch etwas Kapital, von dem er lebt, aber er beklagt sich, dass er nicht mehr als 2% bekommt. Ja, hätte er vielleicht doch zum Beispiel eine betriebliche Altersvorsorge gemacht, die Möglichkeit als geschäftsführender Gesellschafter hätte er gehabt. Er dient mir nun zum Geschichten erzählen in zukünftigen Kundengesprächen.

Da Geld immer knapp ist, macht es Sinn, auf ein wenig Konsum jetzt zu verzichten, da man ihn unterm Strich oftmals im Nachhinein gar nicht merkt. Sie kaufen sich ein schönes Auto, es gibt immer ein Schöneres. Je toller, umso unwirtschaftlicher ist es.

Heute ist es Mode, viel Geld auf den Kopf zu hauen. Je dekadenter, desto besser! Ist es nicht sinnvoller, mit Spaß Geld zu verdienen als im Konsumrausch alles zu verschleudern?

Konsum und Luxus ist berechtigt, nur ist die Frage erlaubt: Kaufe ich damit Glück? In einer Zeit, in der ich sehr hohe Einnahmen hatte, ging es mir sehr schlecht. In Deutschland herum zufahren mit einer ordentlichen Telefonrechnung ist nicht so schön wie Fahrrad zu fahren. Sehr wenig Geld zu haben ist auch unschön. Sich nichts leisten zu können, macht auch keinen Spaß. Martin Luther sagte, alles in Maßen. Eine andere Religion sagt, man solle den Reichtum nicht zur Schau stellen. Man sollte jedem Glück wünschen und nicht mit Status sich besser als andere machen.

Herbert Grönemeyer ist für seine Texte bekannt, nicht für seine Autosammlung.

Und hier fällt mir das junge Paar ein, er 30 Jahre, hat bisher fünf Jahre auf Lehramt studiert, jetzt festgestellt, dass es ihm nicht liegt und gerade eine zweijährige Ausbildung zum Bürokaufmann angefangen. Im ersten Azubi- Jahr verdient er gerade …350 €. Seine Freundin arbeitet hart als Altenpflegerin 30 Stunden die Woche und verdient netto 1200 €. Beide wohnen in einer 46 qm kleinen 2-Zimmer-Wohnung und suchen gerade was größeres, das auch bezahlbar ist. Das ist hier in unserer Stadt Münster schwierig. Er will Berufsausbildungsförderungshilfe und Wohngeld beantragen und fragt mich, ob das Einkommen seiner Liebsten angerechnet wird. Da muss ich passen. Das weiß ich nicht. Ich sitze bei ihnen, weil sie sich gegen Berufsunfähigkeit absichern will und die Altersvorsorge liegt beiden auch am Herzen. Ich frage die beiden, wie oder wovon Sie diese Wünsche denn finanzieren wollen. Beide geben an, die Berufsunfähigkeit darf maximal nur 20 € monatlich kosten und die Altersvorsorge so 5 € monatlich. Für 20 € monatlich bekommet sie als Altenpflegerin, weil in einer ungünstigen Berufsgruppe, grade mal eine Rente von ca. 400 €. Das ist gar nichts. Und die 5 €, die momentan in eine Riesterrente angelegt werden, können und werden später erhöht werden. Beide rauchen. Sie geben an, zusammen täglich 1 ½ Schachteln Zigaretten zu je 4,50 € zu rauchen. Dies sind 45 Packungen im Monat, dies entspricht einem monatlichen Betrag von 202,50 €. Statt staatliche Hilfen zu beantragen, ist es hilfreich, den Kunden erst einmal zu zeigen, wie sie durch Umstellung oder Verzicht Geld sparen können. Meine Frage, ob sie zugunsten der Berufsunfähigkeit und Altersvorsorge auf 10 Einheiten Zigaretten (45 €) verzichten können, da kommt das Gestammel.

Hier geht es in die Komfortzone, das sollte man sich bewusst machen. Es sollte das, was einem zur Verfügung steht, vernünftig verteilt werden.

Krisen beschwöre oder den Bock zum Gärtner machen

Wenn Du als Leitung eines internationalen Bankenkonzerns Mist gebaut hast, brauchst Du dich nur zu räuspern und meine Regierung hat „Schnupfen". Solange das funktioniert, ist die nächste Krise vorprogrammiert, deine Geschäfte abgesichert. Von meinem Land. Anstelle danke zu sagen, bist Du von Dir überzeugt wie Leonardo da Vinci. Brauchen wir private Großbanken? Brauchen wir Verunsicherung der Märkte? Weiß der Normalbürger, was Hochfrequenzhandel ist? In Bruchteilen von Sekunden werden durch Computer ohne eine menschliche Beeinflussung Aktien gekauft und verkauft. Dies birgt die Gefahr von extremen Kursabstürzen.

P.S.: Hier geht es nicht um Klassenneid, denn der Zahnarzt lebt auch nur von der Hand in den Mund.

Kapitel 62

Einige Anreden bei der telefonischen Akquise

Schön, dass Sie dran sind.
Ich brauche Ihre Hilfe.
Für Sie ist es sinnvoll, Ihre Meinung…
Ihre Erfahrung…
Ihr Nutzen…
Sie sind…
Davon gehe ich aus, dass…
Das höre ich öfter…
Wie denken Sie drüber…
Kann ich gut verstehen…
Klingt interessant…
Was aus Ihnen geworden ist…
Ich gehe davon aus, dass…

„Unser" ist besser als „wir", „Sie" ist besser als „ich". Man sollte sich aber nicht zum Sklaven der Formulierungen machen.

Als junger Koch lernte ich einmal einen rhetorikgeschulten Küchenchef kennen.

Und das Rumgehampel und die gewählten Worte gingen mir mächtig auf den Zwirn. Es ist richtig und wichtig nicht zu Nuscheln, nur man sollte nicht zum Brüllaffen werden.

Wer gelernt hat gegen den Sturm zu sprechen und der sogar Kieselsteine in den Mund nimmt, um deutlich zu sprechen, den möchte ich nicht im Alltag um mich haben.

Kapitel 63

Kunden nicht ignorieren

Den Kunden nicht direkt zu korrigieren, muss gelernt werden. Man sollte die Argumentation auffangen, gegebenenfalls als eine Art Pingpong-Spiel zurück geben.

„Die Versicherung zahlt sowieso nicht!" Ist Ihnen das passiert?

„Vor oder nach einem Schaden?"

„Ich arbeite nur noch für Versicherungen!" Da geht es Ihnen wie mir - schmunzeln.

Menschen hören nicht richtig zu. Versicherungsmakler, der ist bestimmt nicht so toll wie ein Finanzberater. In Wirklichkeit ist es genau anders rum. Man kann die Welt nicht bekehren. Sollte aber verständlicher rüber kommen. Nur so ist man ein Gewinn für das Gegenüber. In den Augen des Kunden.

Kapitel 64

Die meisten Probleme lösen sich von alleine!

Sorge Dich nicht, lebe.

Als ich in Düsseldorf in einem Börsenvertrieb am Telefon stand, durfte ich miterleben wie ein rothaariger Mann, ein paar Openings machte und anschließend einen Wagen mit Chauffeur von der Konkurrenz angeboten bekam. Ein ganzes Stockwerk-Verkäufer ging zu einem anderen Anbieter, aber - und jetzt kommt es - das Telefonanlagesegment lief 1 ½ Jahre nicht.

Das heißt, selbst die Frau des Abteilungsleiters, die immer etwas riss, die immer etwas bekam, bekam keine Openings, geschweige denn Erhöhungen der Anlagen durch Broker. Selbst die Broschüristen kamen nicht weiter. Und jetzt zeigte sich, wer als Person gefässtigt war. Der

Rothaarige wurde zum Lambrusko-Indianer (Berber auf der Strasse).

Die Verkäufer um den Abteilungsleiter erstarrten in Schönheit, waren handlungsunfähig und sorgten sich und lebten sehr wahrscheinlich nicht. Auch interessant war, dass ein dem Alkohol zugetaner Starverkäufer öfter wirklich reiche Personen an den Tisch brachte, aus dem Nichts akquirierte und anschließend Kaugummi kauend sowie überdreht flapsig Alles kaputt machte.

Das heißt zu Herrn Becker: „Beckerbaby macht das jetzt." Einen interessierten Menschen total enttäuschte, obwohl alles mit „die Börse ist die größte Waschmaschine der Welt" oder „die Zeitung von gestern ist nur für Fisch von heute gut", er potenzielle Kunden für sich als Person total faszinierte.

Kapitel 65

Du darfst zwar alles essen, aber nicht alles wissen

Das Gegenüber auf die Herdplatte zu setzen, ist die Pflicht des Verkäufers. Ich telefonierte kürzlich mit dem achtjährigen Sohn einer Freundin. Er sagte mir, dass die Familie am Abend in den Harry Potter Film gehen würde. Wenig später fragte meine Frau unter anderem, wie denn der Film gewesen sei. „Woher weißt du, dass wir im Kino waren? Und gerade an diesem Abend?" Ich sagte ihr, dass meine Mutter das zweite Gesicht habe und ließ Sie einige Wochen grübeln - bis ich mit den Kindern Kuchen backte und genau der Junge das Geheimnis aufdecken durfte.

Freude, Spannung und Abenteuer ist anzustreben. Sofort alles zu entspannen ist langweilig. Also: Mach Dich rar und halt` die Spannung!

Kapitel 66

Seufert- nomen est omen

Als chancenloser Schulabbrecher mit 888 Fehlstunden bekam ich die Möglichkeit, eine Ausbildung zu machen. Ich arbeitete einige Zeit im französisch gutbürgerlichen Restaurant „Sauberg". Von den zwei Azubis war einer groß und kräftig. Der Zartere wollte nach der Lehre auf die Hotelfachschule in Heidelberg. Für den Sous Chef das ideale Opfer, um mehrfach verprügelt und gedemütigt zu werden. Nach dem ich eine Fleischgabel ins Schwingen gebracht hatte und sie in seine Nase hielt, war fürs erste klar, dass er ein Problem hatte.

Die Tochter des Hauses lehnte sich als Hotelfachfrau gerne über den Counter, um Ihre große Oberweite wirken zu lassen. Die Frau des Chefs sagte (nachdem ich die Küche sauber und sehr trocken, extrem trocken gemacht hatte) mit einem Eimer schmutzigen Wassers in der Hand: „Es ist ja immer noch nicht sauber!" und goss mit Vergnügen den Eimer in die Küche aus. Zum zweiten Mal säuberte ich den Boden und bekam prompt eine Lehrstelle angeboten. Ich hatte weder eine leuchtende Vergangenheit und Gegenwart noch eine aussichtsreiche Zukunft, nur tat ich Recht und scheute niemanden. Ich lehnte dankend ab. Bestimmt auch im Sinne des Sous Chefs, dem ich ein paar Tage zuvor gewünscht hatte, er möge sich das Bein brechen, was er (auf der schmalen fettigen Treppe) dann auch tunlichst tat.

Warum schreibe ich das nieder in einem Buch für Verkäufer. Ja, weil alle, auch die scheinbar chancenlosen, etwas tun können. Du hast Dich gerade aus deiner Kindheit und Jugend gerettet. Man traut Dir höchstens den Hilfsarbeiter zu und rät Dir: „Sag immer schön „Bitte und Danke". Tue etwas für die Gesellschaft, tue etwas für Dich. Werde erfolgreich und arbeite an Dir.

Kapitel 67

Warum schreibe ich dieses Buch?

Als junger interessierter Bürger ging ich zur Kölner Oper. Dort gab es eine Veranstaltung wegen der Gräuel und des Grauens im zweiten Weltkrieg und die jüdischen Opfer wurden gewürdigt. Nun gingen Sinti und Roma auf die Bühne und sagten, man solle sie nicht vergessen. Es kam Unruhe auf. Eine der Prominenten – eine selbsternannte *Emanze*, die aus den Medien nicht mehr wegzudenken ist - ging auf das Podium und meinte, sie könne ja auch gegen Strapse protestieren. Die Frau hat Recht. Wer den Mund nicht aufmacht, ist selbst schuld.

Den deutschen Autogroßmarken geht es 2011 richtig gut. Weil sie aber eine Welle machen, bezahlt der Staat (also wir) eine Milliarde Euro für die Gnade der späten Geburt deutscher Elektroautos. Ich mach mir wohl nicht die meisten Freunde mit der Wahrheit, aber das muss raus. Wir verschulden uns also für Subventionen!

25 Jahre nach der Oper habe ich mir erlaubt, den Gelbe-Sack-Müll auf die andere Straßenseite zu stellen. Ich war nicht der Erste, der sich das erlaubte. Ich war nett, aber auch selbstbewusst- bewusst meiner Selbst. Die Jeanne d` „Arc (Jungfrau von Orleans) der anderen Straßenseite warf unseren Gelben Sack auf unsere Motorhaube und verkratzte sie damit. Meine direkte Nachbarin, die mit dem Kauf ihrer Eigentumswohnung offensichtlich auch gleich die Menschenrechte per Hypothek erwarb, verbündete sich spontan mit der Heldin des Alltags. Die Person, die mir als zugezogenem - sogar nur Mieter - das Leben schwer machte, war sofort auf der Seite derjenigen, die gegenüber in sozialem Wohnungsbau wohnte war auf einmal zu feige zu sagen, wer ihre Bundesgenossin war. Wegen der zerkratzten Motor-

haube ging ich zur Polizei. Unverschämt, ich stahl dem Beamten die Zeit, weil ich es wagte, den Müll auf einen vorhandenen Stapel zu legen.

„Also tue Gutes und sprich darüber. Ein gutes Gedächtnis ist eine gute Gabe Gottes, vergessen können ist oft eine noch bessere Gabe Gottes." (Georg Christoph Lichtenberg 1742-1799)

PS: Innerhalb von acht Tagen und Nächten habe ich dieses Buch im Groben geschrieben. Das Entscheidende ist aber, dass es wie gutes Fleisch abgehangen und gut gewürzt wurde. Sowie ich nicht nur von mir berichte, sondern von zweihundert anderen. Und dieses Buch auch von einem halben dutzend Frauen Probe gelesen worden ist. Das alles um Ihnen den besten Service zu bieten.

Kapitel 68

Image

In einem Top Hotel in meiner Heimatstadt Köln gab es einen Oberkellner italienischer Herkunft mit deutscher Ehefrau. Er wurde besonders gern nach nahe gelegenen Opernaufführungen besucht. Also eröffnete er sein eigenes Restaurant – nicht weit von der Oper. Ein befreundeter Koch entwarf die „Seezunge Alfredo" für ihn. Man kannte sich unter den Gästen und aß dort lieber Brot mit Butter, als gar nicht dazu zugehören. Image wurde hier also auf beiden Seiten genutzt.

Es kostet Kunst, sich selbst zu überreden, dass man glücklich ist (Gotthold Ephraim Lessing 1729-1781 oder war es doch Woodie Ellen?).

Image und Status

Wir kauften einen getunten Wagen. Das interessante war, dass er bis dato einem Polizisten gehörte, einem Mann vom Fach. Meine Frau riet mir, seine geliebten Alu-Winterreifen (zumindest einen) an den Schlüsselbund zu hängen. Das herausnehmbare Autoradio könnte ich dann doch besser auf dem Fahrrad mitführen. Über sich selbst zu lachen kostet nichts. Probieren Sie es mal.

Von Herrenfahrrädern und Edeluhren

Herrenfahrräder haben eine Stange. Sie sollte ursprünglich das Rad stabilisieren, was heute nicht mehr notwendig ist, siehe Damenfahrräder. Mann steigt über das ganze Fahrrad von hinten auf. Aber wer schon einmal Ischias-Probleme hatte, möchte das nicht unbedingt. Und wer schon mal auf die Stange gerutscht ist weiß, dass das nicht besonders gut für die Familienplanung ist. Hier wird ein Traum bedient. Genauso wie eine gewisse Luxusuhr, die schnell 4000 Euro kosten kann und dann leider jede Woche nachgestellt werden muss. Eine 10. €uro-Uhr ist kein großer Verlust, wenn sie das Schwimmbad nicht überlebt. Ohne Luxus und Private Krankenkassen gäbe es aber manchen lebensrettenden Fortschritt nicht.

Was nun? Das müssen Sie abwägen. Wobei alle Probleme mit Geld zu lösen nur bei „Sex and the City" geht. Und vielleicht auch in Nordkorea. Wenn man sich vor Augen führt, dass während der Frauen-fußballweltmeisterschaft (2011) die Welt erfuhr, der große General ist wie Gott. Und Gott gibt keine Interviews.

Da sind mir Errol Flynn und sein Status sympathischer. Seine Eroberungen beka-men nach dem Koitus ein Gold-Medallion, welches bei den It-Girls der damaligen Zeit sehr geschätzt wurde.

Kapitel 69

Der Zander frisst den Barsch

Ich habe das Glück, einen Großmeister im Kampfsport, einen mehrfachen deutschen Meister, zu kennen. Den durfte ich kennenlernen, als gerade sein vierter Versuch, eine Kampfsportschule zu halten, fehl schlug. Von 800 € Einnahmen sollte er eine Monatsmiete von 1000 € für fünf Jahre fixieren. Glücklicherweise nahm er davon Abstand. „Warum kam es so?", fragte ich den Kerl. „Die Einführung des Euro und Hartz IV", stieß er hervor. Wie soll ein Familienvater mit 360 € pro Monat, zwei Söhne für je 45 € in die Sportschule schicken? Der Regelsatz für Freizeit, Unterhaltung und Kultur beträgt gerade mal € 40,00. Ein weiterer Minuspunkt: Kampfsportarten verlangen spezielles Training, das ist nicht nur anstrengend, sondern findet zu festen Zeiten statt. Zur gleichen Zeit wuchsen 24-Stunden geöffnete Billig-Fitnessclub-Ketten (nicht drei Stunden fix) und boten freie Getränke sowie Hanteln, Geräte und Ansprechpartner plus fünf Kurse täglich zu einem Bruchteil der Kosten. Der eine geht unter, der andere brilliert. Der schnelle Fisch frisst den langsamen. Auch eine Chance für den Mittelstand.

Das Beste ist des Guten Feind. Das ist Ihre Chance. Tun Sie also was für sich, letztlich für uns alle. In dieser Nussschale, die wir Deutschland nennen, wird ihnen aber keiner danken. Also nehmen sie einen Arm hoch und klopfen sich selber auf die Schulter.

Kapitel 70

Einstellung

Es gibt Kollegen, die nach negativen Termingesprächen beim Kunden als Chef des vorherigen Anrufers anrufen. Sie fragen, was der junge Mitarbeiter falsch gemacht habe und bitten um Hilfe. So werden selbst sehr barsche Kunden terminiert. Egal, in welchen Anrufen man sich wiederfindet, richtig ist:

Was zagt Ihr denn so blöde,
was schon ist wird doch Dein.
Die Welt tut nur so spröde
und will erobert sein.

Drei Einstellungsfallen:

1. In der Zukunft ist alles perfekt

2. In der Vergangenheit war alles besser.

3. Die selbsterfüllende Prophezeiung

Sind mir bekannt, bestimmt gibt es mehr. Entscheidend ist, sich dort ganz schnell wieder herauszuziehen.

Kapitel 71

Steuerberater

Betriebliche Altersvorsorge unterliegt einem fortwährenden Wandel, deshalb möchten wir hier nur Verkaufsabläufe und Verhalten aufzeigen.

Steuerberater werden häufig nach dem passenden Produkt gefragt, und als Letzte in der Kette entscheiden sie oft selbst, ob ja oder nein. Fachlich gesehen bewegen sie sich an der Grenze ihres Fachs. Wir selbst haben Steuerberater zum Thema Riester Rente so informiert, dass sie es erst anschließend verstanden haben. Deshalb muss man den Steuerberater mit ins Boot holen, bevor er Angst hat, etwas falsch zu machen. Detaillierte Informationen und sein Verständnis fördern die richtige Entscheidung. Nachfragen sind also positiv zu sehen. Gegenangebote sind zwar ärgerlich, doch sie zeigen, dass der Steuerberater nichts falsch machen möchte. Wenn er aber Sachen beurteilen soll, die außerhalb seiner Kompetenz liegen, wird es schwierig, denn er muss den Kunden – vereinfacht ausgedrückt - „auf Alles hinweisen". Tut er das nicht, könnte er seinen Kunden verlieren und sogar für Schaden in Regress genommen werden.

Ein Grenzbereich ist die Zahlung an die Krankenkasse. Sie hängt vom Verdienst ab, und eigentlich müssten morgen alle Steuerberater beim Versicherungsmakler anrufen, sofern sie Gesellschafter-Geschäftsführer zu ihren Kunden zählen. Denn zum Umsetzen des BilMoG und der jährlichen Bilanzierung sind detaillierte Informationen wichtig. Also auch hier: Spezialisten sind gefragt. Unsere Beratung muss die Arbeit des Steuerberaters ergänzen und nicht von beiden Seiten als drohende Konkurrenz gesehen werden. Denn ein Wettrennen mit dem eingesessenen Steuerberater kann ein Verkäufer nicht gewinnen.

Es ist natürlich Gold wert, wenn man als Versicherungsvertrieb mit einer Kanzlei zusammen arbeiten kann, aber die Steuerberater können nicht aktiv in Erscheinung treten. Am besten man fragt sich: Was macht den Fachmann im Thema Steuern an?

(Inspiriert wurde dieses Kapitel von Herrn Dr. Matthias Falk)

Kapitel 72

Wie soll ich sein?

Der Fisch war das geheime Zeichen für Christen. Heute ist ein Fisch ein Opfer, das alles hinnimmt. Sollte man gewalttätig sein, um bloß kein Fisch zu sein?

Lügen strengen an und man kann sich schnell verstricken. Die Wahrheit ist also von Vorteil. Es fällt einfacher, einen kühlen Kopf zu behalten, wenn man nichts konstruieren muss. Ebenso ist es erfolgreicher, zuzuhören, als zu plappern. Wenn Du etwas sagst, dann erzähle Geschichten. Geschichten haben den Vorteil, dass du etwas mit Bildern sagst. Bilder gehen ins Herz. Und das Herz betrifft das Gefühl. Alle, die meinen, sie seien Kopfmenschen, müssen den Bauch bedienen. Beispielsweise mit Gefühlen. Also sollte man lieber einfach, aber glücklich durchs Leben gehen, anstelle unzufrieden und deprimiert. Der Sprung in den Glauben gibt Halt, muss ich als Konfirmationsloser zugeben. Generell sollte man Unternehmer und nicht Unterlasser sein, denn Zeit ist Geld.

Außerdem will man immer das, was man nicht hat. Nachdem ich keinen Alkohol mehr trinken soll, weil ich an Bluthochdruck erkrankt bin, habe ich den Rotwein neu entdeckt.

Kapitel 73

Mach Dich nicht selbst überflüssig

Beispiel: Du arbeitest als Computerspezialist an einer Schnittstelle in einer Firma. Du bist an deinen guten Verdienst gewöhnt und auch deswegen geachtet. Es gelingt Dir, am Donnerstagnachmittag frei zu bekommen, Du fährst über die Grenze nach Holland und genießt das Leben. Man kennt dich dort, denn du fährst jede Woche dorthin. Es wird eingespart, auch an Dir. Von heute auf morgen verlierst Du deinen Job, weil du dich selbst entbehrlich gemacht hast. In der Folgezeit wirst Du nur von Zeitarbeitsfirmen vermittelt. Dein Defizit: Du hast genossen, dich aber nicht weitergebildet. Der Nachwuchs hat jetzt schon Master-Abschlüsse. Du holst nach, auf eigene Kosten und mit großem Aufwand neben der Arbeit und fährst dafür durch halb Deutschland. Zusätzlich wirst du als Zeitarbeitskraft misstrauisch beäugt, denn für die Mitarbeiter bist du eine Gefahr für ihre eigene Anstellung. Doch du beißt Dich durch und eine aufstrebende Firma stellt Dich ein. Jetzt weißt du: Mach Dich nicht selbst überflüssig!

Kapitel 74

Verkaufe Träume

Unterbreite hervorragende Angebote, heize deinem Gegenüber ein. Entweder Du bist im Stress, weil du an die Augenaussage, die Körperhaltung, Verkaufsmethode usw. denkst, bist angestrengt oder verlierst dich sogar in Einzelheiten und der Stress-schweiß kommt, bevor Du dein Gegenüber auch nur angetippt hast . Oder Du bist an-gesagt, gefragt und begehrt als Gesprächs-partner und letztlich als Mensch. Man kann die Führung im Gespräch abgeben, sollte sie aber wieder aufnehmen. Immer als Gewinner aus einem Gespräch zu gehen, ist auch kein Fehler. Zwei Frisöre arbeiten keine achtzig Meter voneinander entfernt. Der eine als Billiganbieter, der bzw. die zweite als Statusfrisörin, denn zu ihr kommen die Kunden im Rhythmus von zehn Tagen. Welcher von beiden lebt ent-spannter und ist angesehener? Deine Ar-beitskraft ist dein Kapital (was ich aus den

Schriften von Karl Marx behalten habe), verkaufe sie so teuer wie möglich. Unverschämtheit siegt. Unverhofft kommt oft. Und Sachen von lange verstorbenen Generationen liegen uns noch auf der Zunge wie die Bezeichnung „Lohnstreifen".

Das Wort Pass kommt sogar aus der Mongolenhochzeit. Von Reiterboten, die Zeichen (Pass) mit sich führten und damit das beste Pferd von der Poststation bekamen.

Kapitel 75

Esprit

Ausstrahlung. Benimm Dich wie die Person, die Du werden möchtest. Niemand kann Dich so weit bringen wie du selbst. Alle Hilfen, unter anderem das „positive Denken", sind wichtig und richtig, aber nicht bitterernst umzusetzen. Schule Dich nicht unnatürlich. Deine Berufsehre kann Dich stärken, egal was Du machst. Du bist Dienstleister und kein Despot. Überzeugend, man sagt mir, man könne Lügen leicht an der Körpersprache erkennen. Gleichzeitig wäre es aber möglich, eine Rolle zu spielen und in dieser Rolle als Schauspieler zu überzeugen. Also was jetzt? Egal, wenn man einfache Strukturen kultiviert, ist man nicht so schnell außer Atem. Da fällt mir der junge Tanzschulstern ein, der systematisch seine Freundinnen jedes Jahr verjüngte. Einfach, weil er es konnte. Ebenso einfach machte er alle

Bekannten zu seinen Kunden, weil er es konnte.

Aha, ein gelebtes Buch. Komiker können alle Witze auf wenige grundsätzliche Abläufe zurückführen. Ebenso ähnelt manch ein Verkauf dem aus anderen Branchen. Wobei das Datum in die Rechnung einzurechnen, nur Restaurantfachleuten vorbehalten bleibt. Und Gastronomen, die Münsters Flair mit gestalten, am Amtsschimmel verzweifeln, so gar nicht mehr zur Gewinnschöpfung kommen.

Kapitel 76

Was braucht der Mensch?

Wie viel Land braucht der Mann, wird in einer russischen Sage vom Teufel gefragt. Die Raffsucht führt zu immer mehr, bis alles den Bach runter geht. Ein Meter breit und zwei Meter lang (für 25 Jahre Grab) ist der Anspruch der bleibt.

In Köln, bei meiner ersten Versicherungsgesellschaft, hatte ich einen Bezirksdirektor, der aus Essen kam. Er sagte, dass er ein guter Freund von Colani wäre, Colani, der Autos wie Insekten designte. Ich erwähne ihn deshalb, weil er unter anderem ein Haus entworfen hat, welches Bad, Küche und Schlafzimmer minimierte, so dass man den Teil, den man gerade nicht braucht, eindrehen kann. Brauch ich denn wirklich ein ganzes Schlafzimmer für ein Bett, das allein soviel Platz wegnimmt wie ein Colani – Haus mit Bad, Küche und

Schlafzimmer zusammen? Wir nehmen alle nichts mit auf die letzte Reise.

Wieder Status und Ansehen. Wenn wir in der „Ersten Welt" nicht Relationen vorleben, frisst der Mensch der Erde die Haare vom Kopf. Naturverpackung von der Rinde des Baumes vor mir, ist nicht so schick wie eine Plastiktüte. Mein persönlicher Albtraum ist ein undemokratisches China, welches Nachholbedarf hat, weil es ihm zusteht. So wie Europa Angst hatte, vor dem entfesselten Ostdeutschen und seinem Aktenkoffer. Wenn man eine Million auf Ibiza machen möchte, muss man zehn Millionen mit bringen. Geschäft, gerne, aber bitte keine 35.000 Anleger übervorteilen und aufs Bundesverdienstkreuz spekulieren.

Kapitel 77

Freude

Mein Bruder, der die Vaterrolle einnehmen wollte, hatte ein Problem zu Weihnachten. Ich freute mich nicht. Heute freue ich mich aus tiefstem Herzen über Kleinigkeiten, selbst über Sachen, die ich schon vor Jahren bekommen habe. Das war nicht immer so. Wir Deutschen jammern auf hohem Niveau. Warum eigentlich? Müßig, zu ergründen. Wenn Du lernst, das Glück in dein Herz zu lassen, geht es Dir besser, als wenn Du mit deinem Schicksal haderst. Was ist denn so peinlich daran zu sagen „mir geht es gut, weil jemand an mich denkt"? Danke zu sagen, sich zu freuen über geringe Werte wie beispielsweise einen Brief. Ich persönlich arbeite noch daran.

Reite besonders als Verkäufer auf einer Welle des Glücks - und nebenbei geht es dir gut.

Es ist bedenklich, dass im schönen Bayern, welches so gute Werte in der Pisa-Studie hat, die meisten Selbstmorde vermutet werden.

„Der Humor ist die einzige absolute Geburt des Lebens." (Friedrich Hebbel 1813-1863)

Kapitel 78

Schwieriges beantworten- Kundensätze

Habe schlechte Erfahrungen gemacht...

Erzählen lassen

Die zahlen sowieso nicht...

„Deswegen gehen wir das ja genau durch, damit genau das nicht passiert."

Das andere Angebot ist billiger...

Hier ist Fachwissen hilfreich, oft liegt der Fehler in Zahlenspielereien (also Täuschungen) der Mitbewerber um den Sparbeitrag. Die Renten aus Zusatzkassen sind sicher für die jetzigen Rentner, das ist aber keine Garantie für zukünftige Rentenempfänger.

Habe schon alles….

„Davon gehe ich aus. Das Beste ist des Guten Feind. Sie wollen doch für sich und Ihre Lieben nur das Beste!"

Keine Zeit…

„Ich melde mich - Sie haben viel um die Ohren! Deshalb macht es Sinn, dass ich Sie in die Wiedervorlage nehme. Wann sprechen wir miteinander?" Ausnahmen gibt es.

KI (kein Interesse) …

„Sie wollen mir nur etwas verkaufen!" „Ja – vorausgesetzt, Sie bekommen den Nutzen, den sie brauchen."

Darüber schlafen…

„Das kann ich gut verstehen. Nachts beim Schlafen denkt man aber nicht. Lassen Sie uns das noch einmal durchleuchten."

Der x-te Anrufer...

„...und der erste der möchte, dass Sie Spaß haben."

Steuerberater...

Er ist Fachmann im Thema „Steuern". Als Makler arbeite ich Hand in Hand mit Steuerberatern zusammen. Lassen Sie uns doch gleich mal anrufen und sehen, wie wir ihn entlasten können.

Verbrecher ...

Die Aussage relativieren, arroganten Kunden zuhören und fragen, warum sie das so sehen, evtl. entschuldigen für diese wenigen Außenseiter des Berufsstandes, zusätzlich relativieren, dass es bei z. B. Ärzten solche und solche gibt. Notfalls seine Erfahrungen loswerden lassen.

Arbeitslos…

Geld einsparen, vielleicht hilft ein Minijob?

Überzeuge mich!

Begeistern, Begeistern.

Keine Lust…

„Es soll Ihnen Spaß machen, und dafür habe ich genau das richtige!"

Das muss ich mir noch mal überlegen…

Auf einem Block Plus und Minus im Kreuz gegeneinander stellen. Ich sehe, dass Sie noch Fragen haben, Herr Becker. Sicherlich habe ich mich irgendwo unklar ausgedrückt. Sagen Sie mir, was ich falsch gemacht habe? Gehen wir alles noch mal durch. Fragen Sie, dafür bin ich ja heute bei Ihnen. Der beste Zeitpunkt ist immer jetzt! Alter und Gesundheit sowie Schaden lassen sich nicht beeinflussen.

Ich habe Vermögen, ich brauche keine Versicherungen...

Wenn Sie 5000 € aus Ihrem Vermögen beziehen und 5000 € aus Ihrer Beschäftigung, haben Sie ein Problem, wenn die zweite Einnahme wegfällt. Des Weiteren sollte man nicht alles auf ein Pferd setzen. Wohlhabende Bürger haben Bedarf an Absicherung, um ihr Vermögen zu schützen. Erbschaft ist ebenfalls ein großes Thema. Auch zwei Firmenlenker sollten Notpläne für den Ausfall oder Tod des Geschäftspartners haben.

Ich will erst mal die Bedingungen durchlesen...
Gemeinsam ins Kleingedruckte, zum Beispiel in die Versorgung des öffentlichen Dienstes. Da gelten zum einen andere Sterbetafeln, zum anderen gibt es Möglichkeiten, die Auszahlung zu senken. Ein

Klinikchef geht heute nicht wie sein Vorgänger mit 5300 € in den Ruhestand, sondern mit 2900 €, das sind 30% weniger, werden also eingearbeitet. Bei den kirchlichen Trägern und im sonstigen öffentlichen Dienst gibt es zusätzlich zur gesetzlichen Rente eine Zusatzversorgung. In Vorschlägen, die einem Versicherten einer Zusatzversorgung vorgelegt werden, stehen zwar garantierte Werte (für den Monatsbeitrag gibt des die garantierte Rente), aber es wird nicht gesagt oder darauf hingewiesen, dass diese Garantien auch nicht zutreffen könnten! Ist ja logisch, so viel junge Ärzte kommen (als Beispiel) nicht nach. Und jede Forderung sollte nicht mit noch mehr Schulden realisiert werden. „Besitzstandswahrung" sagt aus, dass die, die heute eine Rente beziehen, unantastbar sind, aber alle Ansprüche der noch kommenden Alten nicht. Hier geht es also um die persönliche Freiheit des einzelnen, und das ist bei den Rentenzahlern noch lange nicht angekommen. Zumal nur Geschäftspartner darüber informiert werden, dass dann nicht die Person gemeint ist, sondern die öffentliche Institution.

Die private Versicherung/Private Krankenversicherung ist mir zu unsicher...

„Ich gebe Ihnen Recht, früher war das so, unsere Welt ist im Wandel. Wollen sie heute nur noch auf eine Beamtenversorgung setzen? Je mehr Kapital Sie zum Tag X zur Verfügung haben, umso besser, umso mehr Alternativen haben Sie, deswegen sitzen wir hier."

10 Jahre Laufzeit sind mir zu lange...

„Sie sind flexibel in der Anwendung. Falsch ist nur, jetzt nichts zu machen. Jugend und Gesundheit kann man nicht erzwingen. Kurz vor Torschluss - mit z.B. 50 Jahren -brauchen Sie die Sicherheit, 8% Zinsen sicher zu bekommen. Sie sollten jetzt auf ein wenig Konsumeinschränkung bestehen, um später auch gut dazustehen."

Ich habe kein Geld…

„Wollen wir das nicht ändern, Herr Becker? Beim Gesundheits-Sicherungs-Plan handelt es sich nicht um Kosten. Sie legen Ihr Geld hier gewinnbringend für sich selbst an, um auch im Notfall nichts entbehren zu müssen und das war doch Ihr Wunsch?" Hier eine Einsteiger–Lösung anbieten oder je nachdem eine reine Risikoabsicherung.

Freund/Kollege etc…

Blindes Vertrauen in Partnerschaften ist wunderbar, Sie merken, welche Qualität das Vertrauen Ihres Freundes zu Ihnen hat, wenn er Ihnen freie Hand lässt.

Zu Teuer…

„Und davon einmal abgesehen?" Reduzieren von Beiträgen, heißt, den Beitrag für eine Risikoabsicherung bis auf

den Tag X herunterzubrechen. Ich verstehe
darunter 20 Cent pro Tag.

Wenn es günstiger geht...

Als Partner mit dem Kunden Für und Wi-
der abwägen und mit Persönlichkeit sie-
gen.

Angebotssammler und Vergleichen...

Angebotssammler vergleichen oft
Angebote, die Jahre auseinander liegen.
Aktualisierung anbieten. Nicht so viel
Energie reinstecken.

„Entweder Sie beauftragen mich mit dem
sammeln der Alternativen für Sie oder Sie
holen Vorschläge ein und ich sichte diese
für Sie." Wenn der Angebotssammler nicht
mehr gesichtet wird, spart es Ihnen Mühe
und Emotionen.

Warum kann eine Betriebshaftpflicht mehr
kosten als eine, in der z.B. auch eine

Privathaftpflicht enthalten ist? Weil manchmal mehrere Risiken günstiger sind als vereinzelte Risiken.

Kapitel 79

Der lange Weg zurück ins Leben

Mit 31 Jahren hatte ich den Mut, vom spe-
zialisierten Krankenversicherungsverkauf
ins Maklergeschäft zu wechseln. Nach
kurzer Zeit kümmerte ich mich um drei
Außendienstler und bemühte mich, meiner
Frau eine Zukunft in meiner Branche zu
bieten. Ich musste viel Geld verdienen -
und Netto behalten. In meiner freien Zeit
renovierte ich unsere Wohnung. Wünsche
und Träume wie Kinder, einen Rückzugs-
raum und andere Lebensqualitäten spielten
keine Rolle, ich war durch und durch Versicherungsmakler. Das Ergebnis: Ein Jahr
Krankenhaus, weil meine Nerven völlig
überlastet waren. Jede Menge Diagnosen
weiter, stand für das ärztliche Fachperso-
nal fest: Der ist austherapiert. „Das war´s."
Was blieb, waren hohe Dosen des einzigen
Nervenmittels, das für meine Symptome
noch zur Verfügung stand und mit einem
Viertel der Kraft zu leben (Anm. als Pati-

ent: eher dahinzuvegetieren). Im Laufe eines Jahrzehnts kämpfte ich mich - gegen die Meinung der Fachleute - wieder ins lebenswerte Leben zurück. Ich bin sehr dankbar für diese Kraft und möchte damit aufzeigen, dass man sich weder überfordern noch das Kämpfen aufgeben sollte.

Kapitel 80

Der Kunde akzeptiert den Preis nicht

Hätte Flavio Briatore, der als Versiche-
rungsvertreter angefangen hat und heute
den Billionärsclub auf Sizilien besitzt, hier
aufgegeben?

Der Verkäufer kann als Aussage treffen:

- Nicht vergleichbar
- Eingebautes Zugeständnis rauskitzeln
  lassen
- Fixieren:" Wenn wir uns hierbei eini-
  gen, machen Sie es."
- Kleingedrucktes und Leistungsum-
  fang
- Beweise
- Plusleistung, einmalig, zeitlich be-
  grenzt, Sonderkonditionen
- Die Konkurrenz kalkuliert zu niedrig.
  Preiserhöhungen sowie Ausschlüsse

sind die Folge, und ob Sie dann noch wechseln können ist die Frage.

- Nimm dir Zeit für den Abschluss!

Alles kann nicht klappen. Wenn einiges geht, ist fürs Erste dein Auskommen gesichert. Die Gelder können nicht endlos verteilt werden. Schön, wenn das Geld bei dir (als Verkäufer) sinnvoll angelegt wird. Aber auch wenn nicht, musst du locker bleiben, damit nicht noch mehr Zeit und Energie verschwindet.

Ein Geheimnis, einstecken zu können, liegt darin nichts persönlich zu nehmen. Das heißt nicht, du nimmst Alles hin, sondern Sozialhygiene wird gelebt. Es ist dir klar das Zwänge dahinter sind. Aber auch das schlechtes Verhalten keine Ausrede bekommt.

Kapitel 81

Kontakte sind die Zukunft

Patrik und Ole, sind zwei meiner wichtigsten Bekannten, deswegen wichtig, weil sie mich erden. Ich lernte sie während ihrer Arbeit als Verkäufer kennen. Ich fragte einen von beiden, welche Lokalitäten er für den Abend oder das Wochenende empfiehlt. Neben guten Tipps folgte ein intensiver Gedankenaustausch, weitere Vernetzungen waren gewünscht.

In unserer Gesellschaft ist man schnell alleine, mein Bestreben ist es, nicht allein zu sein. Kontakte sind auch für die persönliche Entwicklung wichtig, aber die Frage, was man dafür tun muss, dass ein Erstkontakt so gewinnbringend wie möglich ist, bleibt. Prüfen Sie deshalb immer wieder: Bin ich interessant und frisch? Komme ich nutzbringend beim Gegenüber an? Wie kann ich ihm helfen, seine Ziele zu erreichen? Werden seine Wünsche und Bedürfnisse einfacher, sicherer und problemloser umzusetzen, weil er mich kennt? Und zwischendurch geht es auch mal einfach, denn mit der Zeit kommt der eine oder andere private Kontakt zum geschäftlichen Austausch.

Kapitel 82

Aufmacher

In meinen ersten Tagen im Verkauf Anfang der 90er Jahre akquirierte meine Struktur eine Werbeagentur, die im Gegenzug Besonderes plante: sie wollte "aus einer Mark drei Mark machen" und fragte mich, ob ich interessiert sei. Der Spruch basierte auf den neuesten Erkenntnissen der Kommunikation, war aber ziemlich an der Realität vorbei, weil die Aussicht auf null Erfolg - und das für Erfolgsgewohnte - drohte.

Zeitlos ist wahrscheinlich: „Sie tragen Krawatte und haben Ausstrahlung, wollen Sie in meiner Firma tätig werden?" Wenn man hilfreich ist, erfährt man vieles. Suggerieren Sie, wie Ihr Gegenüber seine Ziele, Wünsche und Bedürfnisse mit Ihrem Beistand einfach erreicht. Günstig, sicher und problemloser- dank Ihrer Hilfe- durchs Leben kommt. Konzentrieren Sie sich dabei auf Ihre Kernkompetenzen. Will heißen: Was wollen Sie wie (durch Ihr Auftreten) vermitteln? Beim Auto ist das einfach, das kann man sogar anfassen. Interessanter sind aber der Fahrtwind und die wohlwollenden Blicke von interessierten Anderen. Die Zielgruppe sollte Ihnen klar sein.

Einer jungen Familie als einziges Fahrzeug ein Roadster andrehen zu wollen, wird möglich sein, aber keineswegs praktisch. Noch ein Beispiel: Ich fing nach einer Zwangspause von 2 Jahren wegen Umzugs von Köln nach Münster bei einer Versicherung in Münster an. Der Leiter des normalen Außendienstes arbeitete für den Innen- und Außendienst. Er wollte, dass Kinder so früh wie möglich eine Zahnversicherung bekamen (diese Mini-versicherungen wurden später aufgehoben), um dann dem Vater nach Jahren eine Risikoabsicherung zu verkaufen (von Unten-nach-Oben-Verkauf)? Ich verkaufte lieber Kranken-Vollversicherungen.

Keine Angst vor großem Geschäft, aber bitte zielgerichtet. Je größer der Wunsch ist, den es zu erfüllen gilt, desto größer das Problem, dass es zu lösen gilt und desto größer sind Ihre Chancen, mit den richtigen Aufmachern einen Kontakt herzustellen und als Folge einen Termin zu vereinbaren. Was eine Privatperson anspricht, kann für einen Unternehmer genau das Falsche sein und umgekehrt.

Möglichkeiten:

- Kosten zu senken
- Gewinne oder Renditen zu verbessern
- steuerliche oder staatliche Vergünstigungen zu nutzen
- rechtzeitig vor Gesetzesänderungen erforderliches zu veranlassen oder zu ändern
- neue Gesetze optimal zu nutzen
- interessante Neuigkeiten und deren Auswirkungen auf Mensch oder Betrieb zu erfahren

- spezielle Vorteile irgendwelcher Art zu erhalten
- Nachteile zu vermeiden
- ein Maximum an Sicherheit mit einem Minimum an Aufwand zu erhalten
- bei gleichem Aufwand bessere Leistungen zu erhalten
- Informationen zu erhalten und zu nutzen, die andere Personen eventuell nicht nutzen können
- ungeliebte Arbeiten nicht selbst erledigen zu müssen

Ausweichmöglichkeiten in der Terminvereinbarung so wie beim Abschluss machen es Ihnen leichter. Nichts ist so unbeholfen wie ein Kunde, der alles will und der nichts kann. Aber. das ist besser als gar nichts. Ihre erste Bürgerpflicht: Nerven behalten. Ehrliches Interesse an der Situation des Anderen deckt Gemeinsamkeiten auf. Das ergibt Sympathie, und die muss so früh wie möglich vorhanden sein. Später hilft sie über manches Hindernis hinweg. Wenn Sie persönliches Interesse wecken, wird im Gespräch sogar der laufende Fernseher überflüssig. Wenn Sie Haustiere und kleine Kinder zuerst begrüßen, fühlt sich der Kunde selbst und stellvertretend für seine Familie wichtig genommen.

Fragen Sie ihn: „Angenommen, Herr Becker, ich könnte Ihnen eine Möglichkeit aufzeigen, wie Sie die Finanzierungskosten für Ihr Haus (oder Autoflotte) monatlich um ca. 300 €- senken könnten, würde Sie das interessieren?" Was wird er Ihrer Meinung nach antworten?

So kann man durchs Leben gehen. Sie selbst entscheiden, wann Sie verkaufen möchten. Am Telefon, auf Meetings, auf Parties, Seminaren, beim Gespräch mit Nachbarn, Bekannten, Freunden und bei weiteren Gelegenheiten und Personen. Ich für meinen Teil sage so etwas nur selten in privaten Bereichen. Angebot und Nachfrage werden den Gebrauch auf

Dauer regeln. Weder bei einem „Nein" noch bei einem „Ja" sollten Sie sinnlos plappern und damit letztlich alles kaputt machen. Unter anderen Kapiteln gibt es für das „Nein" zahlreiche Argumente, den Käufer doch noch zu interessieren. Zuerst angenommen, dann Vorteile, Neuigkeiten und Einsparungen anschneiden. Für die Vorbereitung Interesse, Wünsche, Ziele oder konkrete Problemlösungswünsche abfragen. Dann terminieren.

Bleiben Sie bei Ihrem Stil. Der Trend in Amerika, den Abschluss im Gespräch mit dem Kunden plötzlich aufzuzwingen, ist stillos.

Kapitel 83

Wirkungsvoll

Jeder Kontakt, wirklich jeder birgt - ich finde das Wort so schön - latentes Abschlusspotenzial. Wenn Sie jemand wie einen Vertreter behandelt und Sie sich abmühen müssten, sollten Sie sich fragen, ob es den Abschluss wert ist und Sie überhaupt eine gemeinsame Ebene finden würden? Hiermit ist nicht Sturheit gemeint, sondern abschätzende Überheblichkeit. Kann ich meine Energie in diesem Fall besser nutzen? Fragen Sie sich, wie viel Geschäft dahinter sitzt. Diese Frage sollte nicht verpönt sein. Wie gesagt: Keine Angst vor großen Abschlüssen, denn in welcher Relation steht es, einen Kunden immer wieder neu überzeugen zu müssen und dabei nicht mal das Spritgeld übrig zu behalten? Ich spreche jetzt nicht von geschätzten bestehenden Kunden, sondern von Erstkontakten. Derselbe Zeiteinsatz und ein wesentlich größeres Potenzial: Macht das nicht mehr Spaß?

Es gibt bei einigen Maklerbetreuern (bei Gesellschaften angestellt) die Tendenz, kleine Verträge zu bevorzugen. Aber auch hier ist heutzutage keine generelle Sicherheit für die geschätzten Unternehmen gegeben. Ein Vermittler, der seine eigenen Abschlüsse fleißig umdeckt (sofern es die Stornozeit zulässt), ist unterm Strich kein Gewinn für die Gesellschaft. Die Frage nach der Zielgruppe und wo ich gern gesehen bin, muss immer wieder geprüft werden.

Möglich ist auch, mit Kontaktern, Vertrauensleuten usw. zusammen zuarbeiten. Dieses Geschäft, beispielsweise bei der Bundeswehr, ist mir aber fremd, deshalb beschränke ich mich auf die reine Information.

Arbeiten Sie beim Kunden meist abends oder tagsüber? Und wann wollen Sie tätig sein? Mein Vater soll meist abends bei Privatkunden gesessen haben. Meine Frau und ich machen beides möglich und erlauben uns außerdem den Luxus, erst um 7.30 Uhr aufzustehen. Den Luxus der freien Zeiteinteilung sollten auch Sie leben, denn im Außendienst kommt es nicht auf die Stechuhr an, sondern auf die Laune. Bei manchen Tageszeiten in Ihrem Rhythmus sind sie besonders effektiv und haben einen hohen Spaßlevel.

Eine neue Seite tut sich auf, wegen der Pflegesituation. In Zukunft wird die Frage „wie retten wir das Haus der Mutter" immer dringlicher. Vieles erklärt sich auch erst in der Praxis, deshalb schweife ich hier nicht weiter ab. Kontakten fängt mit dem Aufhänger an. Ich selber wollte das lange Jahre nicht leben. Totenköpfe zu malen ist etwas aus der Mode. „Angenommen, Herr Becker, Sie hätten gestern einen schweren Unfall erlitten. Welche Leistungen hätten Sie oder Ihre Familie heute zu erwarten (Versorgung,

Rentenberechnung heute, auch mit Zusatzrenten)?"

Kapitel 84

Wie sollte ein erfolgreiches Kontaktgespräch aussehen?

Ich mache heute noch den Fehler, den Handlungsstrang aus den eigenen Händen zu geben mit dem Ergebnis, dass ich nicht zurück gerufen werde. Zusätzliche Informationen zu geben, Diskussionen zu führen, das alles muss sitzen. Lächeln Sie am Telefon, Ihr Gesprächspartner hört es. Ihre Überzeugung ist zu spüren und macht neugierig. Auch nach zwanzig Jahren muss ich mich immer wieder in ein neues Thema einarbeiten, obwohl ich schon beeindruckende Menschen und Firmen kontaktierte. Argumentationen zu lernen und anzuwenden ist nicht so leicht wie es oftmals behauptet wird.

Einige Coaches sagen sogar, dass sehr intelligente Verkäufer nicht telefonieren bzw. terminieren sollten. Wenn ich eine der besten Verkäufer/innen, die ich kenne, meine Frau, sehe, kann ich nur sagen, überarbeiten sollte man sich nicht, in Einzelfällen trifft das sicher zu, ist aber nicht zu verallgemeinern. Zumal man unendlich viel aus dem Telefonat rausholen kann. Dennoch, Angst die aufkommt zeigt nur, dass Sie einfühlsam sind.

Etwas lockerer zu sehen muss gelernt werden. In Fachbüchern wird oft seitenlang über das Thema Begeisterung doziert. Sie sehen, dieses Buch ist auch kurzweilig. Es geht um Abläufe im täglichen Leben, denn dieses Buch ist die Essenz einiger Lebenswege. Wer Augen und Ohren öffnet, wird sehen und hören. Nutzen Sie unsere Erfahrungen als Vorsprung.

Wenn einer ein gutes Leben hat, denkt er oft ans Auswandern. Ich wollte nach Paris gehen. Bin nur bis nach Münster-Hiltrup gekommen. Kern meiner Aussage ist, wohin man auch geht, man nimmt sich und seine Probleme mit.

„Jetzt sitz ich hier am Mittelmeer und habe keine Mittel mehr." (Heinz Erhardt)

Kapitel 85

Abschlussphase- Vor dem Abschluss liegt das Kennenlernen

Es kann passieren, dass Ihr Gegenüber aus persönlichen Gründen keinen Draht zu Ihnen findet und eine gemeinsame Ebene nur schwer geschaffen werden kann. Auch ein misslungenes Kennenlernen verhindert einen positiven Kontakt. Fangen Sie neu an: „Wir hatten einen schlechten Start, hier meine Hand...", schon können Sie über mehr Geld für eine sorgenfreie Zukunft sprechen. Hausaufgaben mitzunehmen oder Fehler sowie Unkenntnis zuzugeben, sind keine Schande. Zu wissen, was man nicht weiß, ist wichtig. Ich will meinem Gegenüber helfen, egal ob es um Geschäftspläne geht oder um Auszubildende, die mit ihrem Geld nicht auskommen.

Jetzt zur Daseinsberechtigung und dem Abschluss, dem Antrag auf Geld für Sie und den Kunden:

Diese Phase beginnt sehr früh und ist immer mal wieder Teil des Gesprächs. Auf den richtigen Moment kommt es an, und den Abschluss zu verwässern oder zu verquatschen ist tödlich. Gehen Sie mit dem Kunden auf einer Zusammenfassung durch, was Sie besprochen und geplant haben, informieren Sie ihn über (gesetzlich vorgeschriebene) Pflichtinformationen und haken Sie Erledigtes Punkt für Punkt ab. Ein guter Vertriebler hat das eh schon gemacht. Hierbei sollten Unsicherheiten erfragt, geklärt und soweit wie möglich ausgeräumt werden. Treten Sie unkompliziert auf.

Schön ist es, wenn Sie noch ein Ass im Ärmel haben. Wobei ich einmal ein solches Leckerli gleichzeitig mit einem Stück Zucker auf dem Tisch visualisierte, ich also noch einen Vorteil drauflegte. Und der

Geschäftsmann wollte mehr. Schade, dass ich bald darauf erkrankte. Einen Haken zu werfen, damit das Gegenüber sich ab- oder aufregen kann, ist auch perfekt. Wenn dieser Haken auch letztendlich keiner ist, er also jung und arbeitsfähig ist und sich für den Vertrag auf HIV testen lassen müsste. Will ich doch nur das Beste von meinem Kunden: sein Blut.

Gesundheitsfragen genau zu bearbeiten, ist für Sie und den Kunden Ehrensache. Der Antrag gehört auf den Tisch von Anbeginn, mit einem Einstieg, der besser langsamer zu gehen ist, als gar nicht. Ein sturer Kollege hat mich nicht nur das halbe Geschäft gekostet, sondern auch die Frau meines Kunden. Wohlsituiert wollte sie, dass ihr Haus- und Hof-Versicherer mit ins Boot kam. Er hingegen wollte, dass der goldene Elefant nur uns zustand. Zu hoch gepokert, wobei es im Geschäftsleben nicht um Glückspiel gehen sollte, sondern um Existenzen und Haftungsfragen.

Je höher man sich selbst sieht, desto tiefer kann man fallen. Ein Verkäufer, der nur noch Riesenabschlüsse machen will, kann alles verlieren. Er wird in erster Linie seine Ziele sehen und nicht mehr den Dienstleister in sich. Was man denkt und ist sollte logisch sein.

Kapitel 86

Was passiert in der Abschlussphase?

Einen Abschluss zu bestätigen und die Entscheidung zu loben, sollte unbedingt eingehalten werden, weil sich Negatives bis hin zur Kaufreue aufbauen kann. Alle Zeit und Mühe wäre damit vergebens gewesen. Wann und ob nach Empfehlungen gefragt wird, liegt einzig beim Vermittler. Vielleicht liegt es nicht jedem, im Augenblick des Glücks danach zu fragen. Aber das ist ein Gedankenfehler. Leicht gesagt, wenn man ein Buch schreibt oder als gelernter Hanswurst über etwas referiert, was man selbst nicht tut. Aber gerade weil ich versagte und siegte und sehe wie gewonnen wird, ist es beruhigend, das ganze zu Papier zu bringen. Dadurch wird mir selber einiges klar, und ein paar Probeleserinnen auch. Aber zurück: Wer z. B. regelmäßig nach KFZ-Versicherungen fragt, wird bald einen großen Bestand haben. Bestände können im Alter von den Gesellschaften abgegolten werden. Wenn einem das Kfz-Geschäft nicht besonders liegt, in Ordnung, aber die Fakten bleiben. Egal, ob für weitere Termine oder den Kfz-Ausbau.

Wer nach Empfehlungen fragt - egal wie ungeschickt - hat 100% mehr getan als seine Mitbewerber. Die Empfehlungsnahme ist meist kostenlos, liegt nahe, und man hat bereits Zeugen seines eigenen Erfolges. Wenn die Motivation hochgeschraubt ist, ist es kein Betteln, sondern die Dienstleistung, Empfehlungen zu erhalten und diese zu bearbeiten. Vielleicht fällt dem Kunden schnell etwas ein, wenn Sie mental helfen: „Wo treffen Sie Ihre Leute in Vereinen, der Firma, wem kann diese Dienstleistung helfen, wer kann diesen Vorteil nutzen?" Diese freiwillige Empfehlung ist Gold wert.

Alles was wir heute sind, haben wir selbst geschafft, das zeigte uns aber auch, dass sich Trainer und Vorgesetzte gerne schon fürs nächste Jahr nötig machen. Einem der Besten entfuhr „Wir sehen uns in ein paar Monaten, weil die Motivation bei Ihnen nicht anhalten wird. So ist mein Job als Anheizer, Verwirrer, Entwirrer sicher, und ich bin dabei noch ein Netter der Brauchbaren, ich erzähle nicht stundenlang Text, um Sie zu verwirren." Hier kam auch raus, dass es besser ist, eine „freiwillige" Empfehlung zu bekommen, als acht unwillige.

Drücker und Schaumschläger ausgenommen, müsste der Erfolg auf Ihrer Seite sein, wenn Sie das leben, wovon ich hier spreche - egal in welcher Dienstleistung bis hin zum Fitnesstrainer für reiches Klientel, solange Ihnen Ihre Gesundheit erhalten bleibt.

„This is it." (Michael Jackson)

Kapitel 87

Stornos und Unsicherheit

Es gibt bei Versicherungsgesellschaften Nadeln und Anerkennungen für stornofreie Verkäufer. Und das in der heute schnelllebigen Zeit, den veränderten Märkten und anderen Widrigkeiten. Meine Hochachtung! Beim näheren hinsehen wird klar, dass es sich fast ausschließlich um gewachsene Vertriebswege handelt. Der vor dreißig Jahren mit Blaumann zum Vorstellungsgespräch kam und heute allein fast das neunfache eines guten Vertrieblers erbringt. Das, obwohl die Besserwisserversicherung, wofür er ausschließlich tätig ist, keine große Auswahl hat. Einen solchen Starverkäufer brachte ich gezielt gegen mich auf. Warum? Ich wollte mit meiner Frau zusammen in der Branche arbeiten. Deshalb war es nötig und gut, viel Geschäft zu schreiben und mich ins Gespräch zu bringen. Ich nutzte also diesen guten Mann, kostete ihn paar

Nerven und relativierte bei jungen Vertretern seine Zahlen. Bis er ein Gespräch unter sechs Augen (mit dem Bezirksdirektor und mir) erbat. Er verbat sich diese Unruhe.

Ich hatte mein Ziel erreicht und im nachhinein möchte ich mich bei Herrn Wiese entschuldigen. Was kann man von stornofreien Produzenten lernen? Jede Gesellschaft ist bestrebt, die Stornoquote so gering wie möglich zu halten. Das hat mehrere Gründe. (Einem Herrn Kaiser hätten Stornos auch nicht gut gestanden.) Die erbrachte Arbeit und der Aufwand sowie die entstandenen Kosten hatten allein ein Ergebnis: Ärger. Das ist weder für Sie, noch für Ihre vermittelte Gesellschaft noch für den Kunden erfreulich. Für mich war nie die Stornofrist das Maß aller Dinge, sondern der vernünftige Klient. Zu denken, dass ein Vertrag nur diese bestimmte Zeit überstehen muss, ist für mich der falsche Ansatz. Zudem ist dieses Verhalten eines freien Kaufmanns unwürdig. Bestimmte Zielgruppen passen nicht zu einigen Vertrieben. Alle Pflegeversicherungen einer osteuropäischen Vermittlerin können platzen, und andere mit derselben Klientel produzieren fast stornofrei.

Chance und Gefahr sind der Arbeitsplatz oder ein Wohnungswechsel. Wir lieben Firmenlenker, aber besonders bei der Absicherung von Selbständigen ist das für verschiedene Branchen problematisch. Die private Wohnsituation sagt viel aus. Eine Einbauküche für 25.000 € zu haben, aber keine Berufsunfähigkeitsversicherung, passt nicht zusammen. Ich selbst habe weder das neueste Mobilfunktelefon noch den tollsten Fernseher. Was sieht man an der Ausrichtung eines Lebensstils? Passt es, ist der zuverlässig? Auch hier bestätigen Ausnahmen die Regel. Mir wurde als Kunde mal gesagt, dass ich zu teure Bonbons hätte. Unstimmigkeiten bei Geschäftspartnern und Ehepartnern usw. sind der Hauptgrund für Stornos. Stellen Sie so sicher wie möglich, dass alle Entscheider für den langfristigen Bestand Ihres Vertrages auch damit einverstanden sind. Ich habe genug schnelle Abschlüsse (mit Auskunft und allem was dazu gehört) erlebt, zu denen mich der Widerruf per Fax schon in der Direktion erwartete, wenn ich vom Kunden kam. Den Grund kennt nur der Kunde. Den Ärger haben Sie. Aufgrund gut verplanter Tage kann es vorkommen, dass Anträge nicht am selben Tag, sondern erst zwei/drei Tage später bearbeitet werden. Änderungen im nachhinein werden auf diese Weise erleichtert und wir können prüfen, ob das der richtige Kunde für uns ist.

Zum Schluss eine ganz große Bitte: Verkaufen Sie keinem Menschen etwas, was er absolut nicht braucht und ihm auch langfristig nichts nutzt. Sie verbittern diese Menschen und Miesepeter gibt es schon genug. Und jemanden auszulachen, weil er auf den Leim gegangen ist, macht selbst mich sprachlos. Etwas positiv zu benennen ist Welten von diesem Verhalten entfernt. Verkäufer ist ein Lehrberuf, die Bedürfnisse des Kunden müssen im Zentrum der Überlegungen stehen.

Kapitel 88

Was birgt Gefahr?- Und Claus ist ein Schwein

Die Zeile eines Prinzen-Liedes sei mir hier gegönnt. Warum? Ich kannte leider ein solches Exemplar. Er war wie ich Koch. Sohn reicher Eltern und im Karneval sehr aktiv. Er als Chef lockte mich als seinen Koch in seine Kantine und seine Launen vermittelte er (weil wohlsituiert und Karnevalsjeck) nicht direkt. Vor 12.30 Uhr durfte man ihn nicht ansprechen. Das Problem dabei: ab 6 Uhr ging es los, und als junger Koch brauchte ich die Berechnung fürs Fleisch, das war sein Job. Nachdem er mich an mir selbst zweifeln ließ, verließ ich diese Küche. Obwohl ich immer sehr hygienisch gearbeitet hatte, gab er mir noch eine Abmahnung mit. So wie das schlechteste Zeugnis. Dieser, nach einem großen deutschen Kriegsherrn (der aus Österreich kam) benannt, stinkfaule Herr flog bald in hohem Bogen, hatte aber gute Zeugnisse - obwohl er die Firma innerhalb von 20 Minuten verlassen musste. Solche Wesensarten sind im Verkauf auf Dauer nicht gefragt. Ein Grund für mich, meinen Beruf zu lieben.

Keine Zeit für den Kunden zu haben, sollte man nicht mit Zeitmanagement verwechseln. Ungeduld verschleiern manche als Langeweile. Es gibt auch Zeitgenossen, die Unpünktlichkeit als rhetorisches Mittel einsetzen. Wenn man den Bedarf und persönliche Vorstellungen nicht sieht, kann das alles gefährden. Sowie Kundenwünsche als hinderlich anzusehen oder sich in Details zu verlieren. Man erkennt nicht die Probleme des Gegenübers, wenn man nicht zuhört und interessiert fragt, vielleicht sogar fahrig ist und Vorteile nur runter betet (wenn überhaupt). Dann ist einem nicht mehr zu helfen. Wie soll ein anderer Ihre Firma toll finden und deren Vorzüge genießen, wenn Sie selbst nur Versicherungen „verticken"? Den brauchbaren Innendienst sowie Ansprechpartner nicht wahrnehmen? Auch Besserwissen hat nichts mit Außendienst zu tun oder sogar Ihren Gesprächspartner wegen seiner Herkunft oder seines Geschlechts nicht zu akzeptieren, Gesagtes nicht zu reflektieren und Bedenken nicht zu entkräften oder zu akzeptieren. Dann noch Druck in Richtung Abschluss zu machen, ist das Letzte und spricht für: Mir ist langweilig, deswegen geh ich Ihnen mal ein bisschen auf den Nerv, da Sie sowieso vor Jahren bei der blöden Konkurrenz unterschrieben haben, mich mag eh keiner! Denn Sie wissen ja in dem Zusammenhang: Sie werden auch nicht jünger! Und Ihnen mach ich auch nichts bildhaft. Bei meiner Schönheit müssen sie den Preis sowieso hinnehmen.

Da wir gerade beim Preis sind: Wie ich schon am Anfang sagte, ist es bei mir nicht preisgünstig sondern sehr teuer. Ob ich mein Hemd bügele, geht nur mich etwas an. Ich bin sozusagen besser als Du! Und wenn Sie als Selbständiger nicht genügend verdienen, dann liegt das daran, dass Sie es nicht können. Meine Körpersprache geht nur mich etwas an. Sympathisch bist Du mir auch nicht! In der Abendunterhaltung dürfen Sie gern solche Äußerungen von sich geben, aber beim Kunden nicht mal denken! Es sei denn, Sie sind ein Claus …

Kapitel 89

Kaufsignale

Ich lernte manches (z. B. wie viel ich woran verdiene), nur Kaufsignale zu erkennen lernte ich zu spät. Neurolinguistische Verwirrung war angesagt. Dabei erleichtert es das ganze enorm, wenn man weiß, jetzt wird es ernst: Wenn sich die Augen vergrößern, passiert etwas, ob geschäftlich oder privat. Ihr Gegenüber findet weitere Argumente und benennt diese. Signalisiert Ihnen also „Ich will", ob bewusst oder unbewusst, wobei die Sprache für die Frau mehr als deutlich ist, der Mann es aber nicht sieht. Locker über die Abschlusssignale zu schauen ist angesagt. Ein erfolgreicher Freund und Kollege macht nur eins: er lädt sich positiv auf und startet durch. Dieses von-sich-überzeugt–sein, so klagen oft Verkäuferinnen, gelänge ihnen nicht. Dafür bearbeiten viele die Fragen weit besser, was sich im Nettogeschäft niederschlägt. Der Kunde überlegt

laut, wie man den Kauf „weiter verkaufen"
kann. Er listet die Vorteile noch mal für
sich auf. Schon geistig gekauft wurde,
wenn nach den frühesten Beginndaten gefragt wird, also der Abschlusszeitraum erfragt wird. Kopfnicken können Sie als
Verkäufer sogar vormachen. Wenn man
sich entspannt, entspannt sich auch das
Gesicht, und das ist sehr positiv. Der
Kunde sagt „Ja" zu den Aussagen des Verkäufers, stimmt also zu. Auch das sind
klare Bestätigungen für „ich will". Eben
führte ich Fragen nach Zeiträumen auf, das
gilt auch für die Dauer. „Wann geht das
erste Geld vom Konto ab (damit auch genügend drauf ist)" usw. Sie merken schon,
immer wieder kommen während eines Gespräches positive Nachrichten. Es ähnelt
einem Gesellschaftstanz, Informationen
werden bereitwillig gegeben. Am Rande
bemerkt: je mehr Mühe und Blut der
Kunde investiert, um so mehr wird er am
Vertrag festhalten. Die Bereitschaft mit-
zumachen, ist auch ein Indikator. Als Verkäufer sollten Sie Unterstützung anbieten.

Auch kleine Deals. „Wenn das für Sie in Ordnung ist, dann sind wir uns ja einig." Was gefällt, sollte hervorgehoben werden. Wie verhält sich der Verkäufer in Richtung Abschluss richtig? Nehmen Sie den Kunden mit. Es hilft nichts, wenn Sie aufgrund Ihrer Erfahrung nur meinen, jetzt will er kaufen, und er will gar nicht. Eine weitere Schwierigkeit liegt darin, dass zwei bis vier Besuche notwendig sind, da man einen Antrag nicht mehr auf einem Bierdeckel stellen kann.

Gerade von wirklich freien Beratern wird in Zukunft immer mehr verlangt. Da noch den Spaß und die Frische zu erhalten, ist die Kunst. Den ersten Eindruck kann man kein zweites Mal hinterlassen und zerschlagene Eier nicht ungeschlagen machen. „Alles was einfach geht, wird schwer. Alles was schwer war, bleibt.", sagte man mir am Anfang meines Schaffens. Gerade erhalten wir eine Nachricht, dass der Senior das Geschäft an (seine) guten Kinder übergibt, überprüft noch mal alles und jeden. Stress, Unruhe und Unsicherheit sind die Folgen, und genau in diesen Momenten muss souverän und locker gehandelt werden. „Denn wir verkaufen Luft bzw. sorgen wenigstens dafür, dass sie frisch riecht."(AR). Leider übersieht man manchmal einen und nimmt ihn nicht mit. Das kann passieren und ist schade. Das unentdeckte Land, die Zukunft wird uns richten.

So oder so: Seien wir die Frischesten, denn „wer die Hölle fürchtet, fährt hinein." (Martin Luther)

In der Mathematik wird aus zweimal Minus Plus. Im Geschäftsleben nie. Wenn Sie alle Kontakte auflisten, die keinen Bestand haben, wird Ihnen schwindelig werden. Denn nur jeder vierte Besuch birgt einen Abschluss in sich. Und das ist noch die positive Statistik, mit der alte Außendienstler sehr gut leben können. Aber aus Fehlern kann man lernen. Positiv durchs Leben zu gehen muss gelernt sein.

Zeigen wir es heute! Das alles kann man unter „Widerstand" zusammenfassen, wobei es vielen erst etwas Wert ist, wenn man darum kämpfen musste. Nur Geld fließt nach oben. Man darf trotz alldem nicht verbittern.

Es gibt doch noch so Viele, denen man es zeigen muss. Dass man genauso viel Wert ist wie die, die krakeelen und diffamieren. Abgerechnet wird am Schluss, also sind die, die den Weg positiv gehen auf der Habenseite.

Körpersprache, Körpersprache, meine Mutter konnte meine gut lesen. Widerstand kann durch das Aufzählen der Vorteile begegnet werden. Körpersprache sagt, was wann los ist. Diese Lehre kann gelebt werden (Fisch sucht Fahrrad). Hauptsache Sie haben etwas, woran Sie glauben, denn der Glaube versetzt Berge. Letztendlich ist es egal, was Sie glauben (Farben, Lehre), hauptsache es stärkt Sie im täglichen Geschäft. Zögern muss mit Fragen bearbeitet werden, um den wahren Grund zu erfragen. Wenn Sie den anderen beteiligen, kann das der Schlüssel zum Erfolg sein. Dass man nicht in Monologe verfällt ist logisch. Begeistern Sie und lassen Sie bestätigen. Die Alternativlosigkeit sollte klar werden.

Eichen Sie sich nicht selber negativ. Wenn es gelingt, sich nicht lächerlich zu machen, kann die Tür offen bleiben, denn gerade heute ist neu Kontakten schwer. Den Draht, den Sie schon haben, sollten Sie auch nutzen. Eine neue Information bringt Sie wieder ins Spiel. Meine größten Abschlüsse holte ich so - durch Gleichgültigkeit. „Mir ist egal, ob Sie es machen. Sagen Sie mir, dass ich Recht habe! Dann machen wir´s." Das war klar und verständlich, mit anderen Worten: ganz ruhig, Brauner!

Kapitel 90

Empfehlen

Jeder spricht im Laufe eines Tages über Empfehlenswertes. Deshalb meine Bitte: Empfehlen Sie dieses Buch weiter. Jeder kann hieraus etwas für sich nutzen, und ich würde mich auch freuen. Danke und noch viel Spaß.

Wie zufrieden sind Sie mit ihrer KFZ-Werkstatt, Bäckerei, ...? Können Sie diese weiter empfehlen? Sind Sie mit mir zufrieden? Soll ein Freund auch diese Vorteile nutzen? Ja aber ich kenne keinen für Sie! Das glaube ich Ihnen, gehen wir es mal durch, mit wem haben Sie in den letzten Wochen Kontakt? Mit wem haben Sie sich ausgetauscht, sich unterhalten. Auch am Telefon oder im Internet? Wo hat es Spaß gemacht? Welche Kunden haben Sie besonders gerne bedient, wer hat mit ihnen als Frisör gesprochen.

Ist machbar, Drücker greifen sich die Handynummern. Ich weiß nicht, was hier richtig oder falsch ist. Drücker haben nur hier ein Vielfaches an Adressmaterial. Im Übrigen empfehlen Gleiche gern Gleiche, soll heißen „Ärzte empfehlen Firmenchefs".

Es ist also ein System zu erkennen. Eben so wie Geld nach oben fließt. Das soll aber keinesfalls heißen, Gutmütigkeit sei mit Dummheit gleichzusetzen und der Charakter würde vom Beruf abhängen, sondern denke in einem großen Maßstab als Verkaufsmensch.

Kapitel 91

Sofort entscheiden

Als Versicherungsmakler sind wir immer auf der Seite des Kunden. Deshalb darf der Kunde auch auf unserer Seite sein. Das heißt, er soll sich sofort entscheiden. Und das heißt, nach dem ersten Vorstellen, der Datenaufnahme und den Hausaufgaben, die wir mitgenommen haben, soll er die Güte haben und einen der vorgelegten Vorschläge verwirklichen. Wieso? Weil es wirtschaftlich ist. Meine Frau sagte mir an einem Freitag: "Den 16.30 Uhr-Termin ruf ich an! „Und dann"? fragte ich. „Mach ich das telefonisch!" „Wieso?" „Weil es unwirtschaftlich ist, wegen jemandem, der in der Vergangenheit seine Sachen nicht zahlte, das dritte Mal von Münster nach Gronau zu fahren." Gesagt getan. Ganz locker sagte meine Frau 15 Minuten vor dem eigentlichen Termin am Telefon "Deswegen machen wir das am Telefon", handelte zwei Abschlüsse ab und beglückte einen

Mitbewerber mit einer Jagdhaftpflicht. Nebenbei erfuhr sie, dass der Kunde eh nicht dagewesen wäre. Sie schickte also die Anträge raus und war die Effizienz selbst. Das alles hat aber nichts mit drücken zu tun. Diese Aussagen treffen nicht für bestehende Kunden zu. In erster Linie sind wir menschliche Kaufleute. Vertrauen zu Ihnen und Ihrer Gesellschaft sowie Nachweise Ihrer Geschäfte sind ebenso hilfreich wie Pünktlichkeit. Überzeugendes Auftreten ist sicheres sympathisches Beraten. Das Zeitfenster aufzuzeigen, ist auch nicht verkehrt. Es ist natürlich angenehm, wenn über Sie gesprochen wird, man kann ebenso über Erfahrungen sowie Abwicklungen sprechen. Wenn man den Kunden dann noch genau getroffen hat (sein Nachbar hatte vor kurzer Zeit einen Schadensfall), ist das natürlich ideal. Längeres Warten bringt Nachteile, sowohl im versicherungstechnischen Alter als auch beim Angebot. Wenn sich der Grundzins verschlechtert, kann ab sofort Schutz gegeben werden, und das noch vor dem

Urlaub, der Heirat, der Geburt, dem Hauskauf, der Firmengründung, dem Autokauf oder der Betriebs-Vergrößerung. Wenn die Beförderung oder Steueränderung ansteht, sollte man nach Kapitel 13 verfahren. Wie gehe ich in das Gespräch?

Kapitel 92

Aufschieben

Wobei druckst der Kunde herum? Hauptsächlich haben wir es mit Selbständigen und Entscheidern zu tun. Am Anfang war das für mich Horror, heute sind es mir die Liebsten. Kunden drucksen gerne mal beim Preis herum, aber es kann ein ganz anderer Grund dahinter liegen. Es ist letztendlich egal, aber es muss abgearbeitet werden. Oder es wird ignoriert. Gegenzufragen: „Im Verhältnis wozu ist es zu teuer?", ist besser, als sich einschüchtern zu lassen. Der Kunde gibt zu verstehen, dass er mit weniger gerechnet hat. Wenn das Angebot grundsätzlich zusagt, ist die Einsteigerlösung zu errechnen, das ist besser als Belehrungen. „Ich wollte mich nur informieren." Dieser Satz hat mich schon manches Mal ins Bockshorn gejagt. „Dann wissen Sie bereits jetzt, was Ihnen am meisten zusagt." taugt am Telefon. „Ein anderer muss noch gefragt werden.", dann, wenn möglich, gleich mit einbeziehen. Den Kunden aufzuladen und zu schulen, ist in diesem Fall ratsam, damit seine Überzeugung auch den noch zu Fragenden überzeugt. Der Angebotssammler: „Ich warte noch auf weitere Angebote." Was erwarten Sie dann? Wird man Ihnen sagen: „Geh zur Konkurrenz?" „Als freier Makler schaue ich für Sie, bin sogar haftbar für mein Tun. Mache eben meinen Beruf für die Kunden - für Sie!" Es gibt nämlich wesentlich mehr zu beachten, deswegen haben wir ja auch so viele Selbständige als Kunden und Freunde:

- „Was ist denn bei mir nicht enthalten?" „Erst bei Zulagen werde ich aktiv."
- „Sagt es Ihnen denn grundsätzlich zu, was ich ihnen rate? Entweder vertagen oder Notabsicherung in Kraft setzen."
- „Noch keine Zeit gehabt!"

- „Damit Sie Zeit sparen sowie im Thema bleiben, müssen wir uns zusammen setzen."
- „Ich schlaf drüber." „Was ist morgen anders als heute?"
- „Wie ich es bezahle ist noch nicht klar." „Gefällt Ihnen denn grundsätzlich der Gedanke?"
- Und zuletzt der Grund Steuerberater: Den Steuerberater erfragen und anrufen. „Wenn er einverstanden ist, möchten Sie`s dann machen?"
- „Was können wir tun, um Ihre Entscheider zu überzeugen? Sollten wir uns nicht zusammen setzen?"
- „Herr Becker, wie geht es weiter? Wenn wir uns einig werden, machen wir´s so?" „Wir beide – wie können wir es uns erleichtern?"
- „Hat Ihnen das Gespräch gefallen? Wenn wir dieses Zugeständnis noch aushandeln, sind wir uns einig?"
- „Was muss sein, damit sie „ja" sagen?"

- „Was ich Ihnen anbiete, entspricht doch Ihren Vorstellungen?"

Kapitel 93

Datenschutz…

…kann man auch so lesen: Als Unterstützung für größere Banken. Sie können leicht kontaktieren.

Wenn eine spezialisierte Bank den ganzen Schriftverkehr für Ärzte über sich laufen lässt, ist es ein leichtes, die Ärzte zu versichern. Nicht blinder Neid führt mich zu dieser Feststellung, sondern eine verzerrte Marktlage, denn als ehrlicher und unabhängiger Vermittler haben Sie Probleme, neue Kontakte herzustellen.

Gerade wegen des geplanten Datenschutzes, steht man vor dem Dilemma, nicht mehr offen und ehrlich nach dem Interesse zu fragen. Einige Verkäufer machen schon Umfragen, um das Geschäft zu regenerieren. Was soll das Ganze? Strukturvertriebe lassen gerne den Kunden kontaktieren/telefonieren (Freunde,

Feinde, den Hund des Nachbarn) und sind auf diese Weise aus dem Datenschutz raus. Wem die ganze Marktlage nutzt ist klar. Datenschutz- und Verbraucherzentralen sowie der Bund der Versicherten waren für mich früher Inspiration. Heute muss ich feststellen, dass sie auch nur ureigenen Interessen dienen.

Wie sonst ist zu erklären, dass in fertigen Lebensmitteln Zusätze wie Hefestoffe nicht gekennzeichnet werden (als das, was sie sind)? Wie ist es zu erklären, dass die öffentlichen Dienste seit 2002 ihre Altersruhebezüge nach dem Punktsystem erwerben, ohne dass man den Angestellten immer wieder erklärt, was das für sie bedeutet? Man sie ins Unglück laufen lässt, weil die jetzigen (Rentner) jeden Monat 91% ihres Netto bekommen? Und manche Information von zum Beispiel Beratern auch nur Gehalt erzielen soll.

Kapitel 94

Flucht

Nach dem Abschluss die Flucht ergreifen ist der natürliche Herden- und Fluchttrieb. „Is klar, ne." (Atze Schröder).

Gerade jetzt ist die Zeit für Empfehlungen. Auch beim Aufnehmen des Antrags muss das Gegenüber mit einbezogen werden. Sonst kommt an dieser Stelle schon Kaufreue auf. Zu meiner Lehrzeit war es üblich, die Policen persönlich zu übergeben und nochmals zu festigen, ebenso wie schon beim Abschluss. Damit kann man dem Neukunden aufzeigen, dass alle Zusagen sowie Vorteile korrekt sind und damit wieder gegen die Kaufreue agieren. Das Schwärmen des Kunden für das Produkt enthält nicht selten wertvolle Vorteile. Durch Ihren persönlichen Einsatz können Sie jederzeit noch gegensteuern, sind präsent. Weitere Abschlüsse werden wahrscheinlicher. Man wird Ihnen ganz anders zuhören. Je mehr Bekannte oder Kollegen das Gleiche tun, umso bestärkter ist er in der richtigen Entscheidung.

Kapitel 95

Was tun, wenn man einen Auftrag verloren hat?

Es gibt zwei Blickwinkel und die Wahrheit dazwischen. Was sah der „leider nicht"-Kunde, was sah ich? Gelingt es dem Mitbewerber, die Erwartungen zu erfüllen, müssen Sie dieses Geschäft endgültig als verloren ansehen. Ein osteuropäischer Sozialarbeiter aus Hamm in Westfalen wollte unbedingt ein Produkt von seiner Bank, obwohl gerade im Riester-Angebot einiges für eine Versicherung spricht. Der Kunde fand die reinen Aktien interessanter. Neben den Nachteilen musste er noch die Bankenkrise hinnehmen. Speziell das Riester-Produkt kann man wechseln, aber die Wiedervorlage war mir der Mensch nicht wert. Wenn Sie sich zum Schluss interessieren, hält das die Tür auf. Das ist deshalb so von Interesse, weil Sie zeigen, dass Sie sorgfältig arbeiten. In einem Markt, der freien Unternehmern Fremdakquise immer mehr erschwert, sollte man Kontakt halten. Sich einen Kratzer dabei zu holen, ist noch lange keine Nahtoderfahrung. Es sei denn, Sie sehen das so. In diesem Fall, gehen Sie bitte nicht ins weiße Licht.

Kapitel 96

Freie Rede

Es kann einem passieren, dass man vor einer Gruppe sprechen soll. Das erste Mal, als ich so etwas miterlebte, war ich unter Finanzberatern. Der Redner stellte sich nicht zuerst vor, sondern spielte die Titelmelodie von dem Film „Das Boot" ein. Er weckte Interesse. Nannte das Thema, zählte Beispiele auf und forderte zum Handeln auf. Jahrzehnte später telefonierte ich mit einer Freundin. Sie war lange Jahre selbstständig gewesen und leitet heute ein Jeansgeschäft. Ich nahm ihr etwas die Angst, vor einer Menge zu sprechen, indem ich ihr die genannten Eckpunkte nahe legte und ihr von übertriebener Selbstfindung abriet. Denn sie war als Person in Ordnung. Das hätte ihr kaum ein Rhetoriklehrer gesagt. Wenn man Nerven hat, kann man auch eine rhetorische Frage stellen, die man dann selbst beantwortet. So fühlt sich der Zuhörer eingebunden.

Bilder und Beispiele sind anschaulich. Mit einer Anekdote (passend zum Thema) kann man einsteigen. Bilder, Zeitungsausschnitte und Muster kann man gebrauchen sowie auch Schreibtafeln. „Sie" und „Wir" sollten Ihre Formulierungen sein. Informieren Sie sich über die Zuhörer. Schnell und langsam, lauter und leiser zu sprechen ist die Kunst. Die Rede ist kein Selbstzweck, sie soll u.a. mit positiver Körpersprache etwas vermitteln. Wussten Sie, dass die Kirche „Notre Dâme" in Paris eigentlich unfertig ist? Das wunderschöne Gebäude müsste eigentlich zwei Spitztürme haben. Die Schönheit liegt also im Auge des Betrachters. „Tritt keck auf. Machs Maul auf. Hör bald auf." Die schlimmste Floskel ist: „Hiermit schließe ich mich den Ausführungen meines Vorredners an."

Kapitel 97

Referenzen von Kunden

Was heißt das eigentlich? Ein zufriedener Kunde ist Gold wert, mal abgesehen von der Motivation, die man zieht. Der persönliche Einsatz bei seinen Kontakten, ihm also auch etwas gutes (also Sie) zu tun, ist doch Balsam für das geschundene Verkäuferherz. Der Kunde ist in jedweden Vereinigungen oder erzählt als Frisör über Ihre Dienstleistung. Beim Erfahrungsaustausch werden Sie als leuchtendes Beispiel genannt. Früher konnte man Referenzschreiben sammeln und einsetzen. Heute ist das verpönt, ich weiß nicht warum. Heikel finde ich, den Kunden zu drängen eine Vollreferenz zu geben, also aktiv die Menschheit zu beglücken. Erstaunlicherweise: je selbstüberzeugter gedrückt wird desto mehr wird das als Normal angesehen.

Kapitel 98

Die Weiterempfehlung

Weil die Weiterempfehlungen die Zukunft darstellen (gerade bei Irritationen wegen des Verbraucherschutzes), schneide ich es immer wieder von verschiedenen Seiten an. Besonders zu diesem aktuellen Thema habe ich Uraltes heraus gekramt, wobei ich nicht sagen kann, wann ich etwas gelernt und gesehen habe, nur, dass es gut ist.

Kennen Sie schon das „Magische Dreieck" einer erfolgreichen Beziehung? Das Dreieck besteht aus folgenden Faktoren (geschäftlich und privat):

Sympathie-Kommunikation-Wirklichkeit*

*Wirklichkeit= Verkaufserfolge und Geschäftsbeziehungen

Verändert sich einer der drei Faktoren, so verändern sich alle anderen Faktoren gleichermaßen mit, zum Beispiel: Ist die Sympathie zwischen Ihnen und Ihrem Kunden gering, so leidet darunter gleichermaßen die Kommunikation zu Ihrem Kunden und auch die Chance, Verkaufserfolg bzw. Empfehlungen zu realisieren (Das Dreieck wird kleiner). Anders herum betrachtet: Ist die Sympathie zwischen Ihnen und Ihrem Kunden groß, so wird auch die Kommunikation entsprechend gut funktionieren, was sich positiv auf Ihre Chancen (Wirklichkeit), Verkaufserfolge und Empfehlungen zu erzielen, auswirkt. (Das Dreieck wird größer).

So maximieren Sie alle drei Faktoren des Dreiecks:

- Seien Sie eine erfolgreiche Verkäufer-Persönlichkeit
- Pflegen Sie angenehmes Auftreten und gute Umgangsformen

- Seien Sie verbindlich und halten Sie Zusagen ein
- Denken Sie positiv und seien Sie frohen Mutes
- Seien Sie anders, aber besser als andere
- Seien Sie in der Lage, auch von anderen Dingen qualifiziert zu sprechen als (nur) von Versicherungen
- Lassen Sie Ihren Kunden spüren, dass Sie sich wirklich um eine optimale Problemlösung bemühen
- Halten Sie auch nach dem Abschluss öfter Kontakt
- Denken Sie zu besonderen Anlässen an eine Aufmerksamkeit
- Entdecken Sie Gemeinsamkeiten (Hobbies, Interessen, …Schicken Sie Ihrem Kunden unaufgefordert Informationen, an denen Sie berechtigtes Interesse bei ihm vermuten, z.B. Zeitungsartikel, Fachberichte etc.).
- Installieren Sie Ihren eigenen regelmäßigen Kunden-Informationsdienst.

Inhalt: Wichtige Neuigkeiten zum Thema Versicherungen und Versorgung, aber auch Themen, die Ihren Kunden privat oder geschäftlich interessieren. Erscheinungsweise: vierteljährlich, Umfang: 2-4 Din-A4-Seiten genügen.

Wenn Ihre Kunden mit Ihnen, Ihrer Beratung und Betreuung vollkommen zufrieden sind, werden Sie automatisch viele Empfehlungen erhalten. Durch ein ganzheitliches Auftreten sowie Empfehlungsnahme routinieren Sie die Abläufe.

Kapitel 99

Emotionaler Einfluss

Manch einer meint, seine Selbstheilung wäre möglich. Bei Krankheiten, die ihre Ursache im Stress haben, mag das am Anfang richtig sein. Man sollte aber wissen, wann man schulmedizinische Hilfe braucht. Wie kann man emotional Einfluss haben? Mein Ausbilder im Strukturvertrieb musste mir zugestehen, dass ich ein natürliches Entree bei den Kunden habe. Manch einer hat das nicht, muss sich also interessant machen. Dieses und die Einstellung der Kunden können auch mal zu mir kommen. Sowie eine Ehefrau, die mit den zwei Söhnen in eine Sekte in Norddeutschland ging, führten zum Berufswechsel und fünf Herzinfarkten.

Man kann nicht ewig powern, irgendwann muss man etwas zurückschalten. Das Unterbewusste beim Kunden und Ihnen ist kraftvoller als mancher Wille und ein Arbeitsablauf. Sympathie oder Vertrauen sind schwer greifbar, oft reitet man auf Argumentationen rum. Motivation sowie Identifikation sind die Grundlage. Sicherheit ist solange Luft bis man sie braucht. Es geht also um das Vertrauen - und die Sympathie zum Schluss. Engagement für Ihr Gegenüber und seine Belange, Mehrleistung an persönlicher Unterstützung für ihn, Freundlichkeit und Zuverlässigkeit schaffen gerechtfertigtes Vertrauen und den Vorsprung vor anderen.

Merke: Es dauert Ewigkeiten, um eine Beziehung aufzubauen, aber nur Minuten um sie zu zerstören. Sei emotional, lerne aber auch loszulassen.

Kapitel 100

Sympathie

Ordentliches, sauberes Äußeres erwartet selbst der Lude vom Verkäufer. Beim Händeschütteln nennt man seinen Namen, so erfährt man auch den Namen seines Gegenübers. Seriös sollte man auftreten, ideal, wenn man Gleich mit seinem Klientel ist. Man sollte öfter den Namen des Gesprächpartners nennen. Im Zeitalter des Internets kann man sich vorab Informationen beschaffen. Man sollte Streicheleinheiten verteilen. Man kann die Entwicklung der Firma loben, Gebäude und Lage sowie die Einrichtung bemerken. Als aktiver Zuhörer signalisiert man Aufmerksamkeit durch Blickkontakt, Kopfnicken und Zwischenfragen sowie Zustimmung. Aussprechen lassen ist selbstverständlich. Man sollte die Wichtigkeit der Angaben hervorheben und mit Begeisterung sowie Überzeugung auftreten. Findet man das Gegenüber sympathisch, geht alles leichter.

Lobbyarbeit finde ich nicht sympathisch. Wohl deswegen, weil freie Makler keine haben. Deshalb muss man dankbar sein, wenn Strukturvertriebler so etwas wie Riesterrente entwickeln und durchsetzen, oder Großkonzerne manche Welle machen (man sagt, dass Große nicht fallen können). Die Kernkraftlobby z.B. hat weis gemacht, dass es sich um eine Brückentechnologie handelt. Deshalb glaubte ich als Verbraucher, auch das 45 Std. Anlaufzeit gut wären. Das, obwohl ich in Bonn in den radioaktiven Regen kam nach Tschernobyl. Es sind also die „Grauenmänner" (Momo von Miachael Ende), die Veränderungen abfedern. Ist das nun Verkauf oder Verwässerung? Werden Staaten so ausgeweidet, dass die gesetzliche Krankenversicherung beispielsweise einmal einem Großkonzern gehört? Solche Planspiele sind auch schon 20 Jahre alt.

Kapitel 101

Positive Ausdrücke

Sicherheit, bewährt, Garantie, unverbindlich, erprobt, Versorgungsansprüche, Leistungen, Nutzen vor oder nach einer Information, kostenlos und unverbindlich, Vor- oder Nachmittag, kreativ, leidenschaftlich, unabhängig, unabdingbar, sachlich, übersichtlich, kompetent, nachhaltig, was möglich ist, gewährleisten, Lebensqualität, spannend, vielseitig, Einfachheit, maximale, Qualität, Professionalität, Flexibilität, Transparenz, sympathisch, viel Geld sparen durch..., Versicherungsanalyse, vergleichen und analysieren, günstige Vorsorge, kostenloser Versicherungsvergleich von unabhängigen Experten. (Inspiriert von sympathischen Kollegen).

Kapitel 102

Wie sieht der Kunde mich?

„Will er nur etwas verkaufen (DER Verkäufer)? Ja, sieht er mich überhaupt an? Ist da eine Person, die mich als Kunde anspricht? Kann der Vertriebler denn überhaupt den Namen des (hoffentlich) Kunden richtig aussprechen? Ist das, was er erzählt, strukturiert (Sicherheits-nachweis im Auftreten). Was will der Besucher überhaupt? Spricht er meinen Dialekt? Verstehe ich seine Gehirn-windungen? Weiß der Vertreter überhaupt, was er will? Was blüht mir mit dem da? „

Der Aufhänger ist sehr wichtig, für den Kunden. Jahre wollte ich das nicht einse-hen.

Vorzimmerdamen muss man z. B. für sich gewinnen. Einfach um Hilfe zu bitten, hat schon Steine erweicht. Der Verkäufer muss sein Produkt sehr genau kennen.

Kompetenz und Vorbereitung müssen ersichtlich sein. Ehrlichkeit und Zuverlässigkeit müssen nachgewiesen werden. Ob der Verkäufer gut aussieht, spielt auch eine Rolle. „Der Verkäufer muss sich in mich hineinversetzen können. Interessiert er sich für mich?" Der Besucher muss in seiner Firma wirklich beliebt sein (gut, wenn es die eigene Firma ist).

Dahinter steckt, ob man sich auf den neuen Verkäufer verlassen kann. Hier wird Vertrauen erworben. Der Gedanke „Der verdient sich eine unverhältnismäßig goldene Nase", darf nicht aufkommen. Man muss also wirtschaftlich rüberkommen. Wenn der Kunde sagt, dass der günstige Preis nicht das Maß aller Dinge ist, will er damit zu verstehen geben, dass er gerne alles bei einer Gesellschaft hat. Obwohl er heute weiß, dass kaum eine Gesellschaft überall gleich gut ist. Es oft sogar Sinn gibt, beispielsweise die Rechtsschutzversicherung woanders zu haben.

Es gibt also Gründe, einer ist, eine schnelle und zuverlässige Schadenregulierung. Ich selber war in Köln dabei, als nach einem Wasserschaden der Bezirksdirektor jedes Entgegenkommen schroff ausschloss. Er nahm sich nicht einmal der Sorgen und Nöte seiner Prämienzahler an.

Ich fordere Vertrauen weil die Probleme älter sind als wir selber. (AR)

Zum Beweis:

Winston Churchill:
„Wäre es mir nur möglich, ich schriebe das Wort Versicherung auf jedes Haustor und auf die Stirn jedes Menschen." Also gut zuhören!

Arthur Schopenhauer:
„Man sollte einen gewissen Aufwand an Mühe, Zeit, Unbequemlichkeit, Weitläufigkeit, Geld oder Entbehrung nicht scheuen, um der Möglichkeit eines Unglückes die Tür zu verschließen."

Das alles bei einer damals weitaus geringeren Lebenserwartung. Bei dem Kunden geht es um: Sicherheit, Wirtschaftlichkeit, Prestige/Ansehen, Umwelt und Gesundheit. Seinen sozialen Stand sowie technische Neuerungen und seine Bequemlichkeit. Da hast du deinen Mitspieler getroffen. Pünktlichkeit wird erwartet. Nach drei Tagen sollte man aber doch gehen. Wie man im Norden über Besuch sagt.

Dass es dir zu gut geht, merkst du daran, wenn du einen Uhrenrüttler besitzt. (AR)

Kapitel 103

Leidensfähigkeit

Man sollte sich auf sein Gegenüber einlassen. Einmal ging ich aber unbedarft einen Schritt zu weit. Als auf einmal ein im Chor singender älterer Mann meine Ohren strapazierte. Außerdem dankt es dir keiner, wenn Du Dich im stillen Kämmerlein abmühst.

Ziel ist der Verkauf und die Datenaufnahme. Ziel ist nicht, sich in Nebensächlichkeiten zu verlieren, weil es zu nichts führt. Man braucht sich aber nicht diffamieren zu lassen. Das Gegenüber ist genauso viel wert wie Du, nicht mehr, aber selten weniger. Unzählige römische Sprüche sagen aus, dass man das Ziel im Auge zu behalten hat. Alles andere wird sich finden. Viele Musiker sagen, sie wollten lieber die sein, die musizieren, als die Fans. Na dann: Sei in Deinem Leben der, der die Musik angibt. Man sollte aber nie mit zerrissenen Hosen zum Kunden gehen. Das ist zu cool.

In schwierigen Zeiten ging das spätere Ehepaar Loki und Helmut Schmidt ihren Weg. Sie hatten aber eines, was vielen heute fehlt: eine Ausrichtung und mussten sich nicht fragen „Was macht man jetzt mit einundzwanzig?". Mit Einundzwanzig war man im Mittelalter ein gestandener Mann. Gut drauf dank Starkbier. Manche Kirchentürme durften Frauen zwischen 11 und 40 Jahren nicht erklimmen, weil sie ab 40 Jahren keine Versuchung mehr waren. Wir hier in unseren Breiten und den heutigen Zeiten haben eine lange Lebensqualität gewonnen. Leider führt es dazu, dass man meint, es gehe ewig so weiter.

Kapitel 104

Arroganzverkauf

Als ich mir einen neuen Pilotenkoffer zulegen wollte, machte ich den Fehler, in ein Geschäft auf dem Prinzipalmarkt zu gehen. Die Verkäuferin war sehr herablassend und zusätzlich durfte ich einen hohen Preis bezahlen, weil ich nicht mehr aus der Zwickmühle raus kam. Und ich mir das leisten konnte, wenn nicht, war ich wohl nichts wert. Es gibt ganze Warenhausketten, die davon leben, dass die Kundschaft zweimal im Jahr dem Modediktat unterworfen ist. Aber immer gibt es eine teure Lederjacke. Und immer gibt es Leute, die unbeschwerter durchs Leben gehen. Wie weit ist der Jugendliche, der mit seinem Leben russisches Roulette spielt von dieser Arroganz entfernt? Die ihm gut zu Gesicht stehen würde. Ich selbst habe zu meiner Zeit die Stromsteckdose über mein Leben ent-

scheiden lassen. Wie Sie sehen – Glück
gehabt.

Kapitel 105

Positive Einstellung

Nicht gleich dem positiven Denken. Als sich 2010 gleich drei Projekte in Luft auflösten, sagte ich „wenn es kommt, dann dicke". Ich meinte damit, dass wir einfach weiter arbeiten sollten. Und im Dezember machten wir mehr als die Hälfte des Jahresgewinns. Einfach nur positiv-weltfremd in z. B. Gott zu vertrauen, ist genauso falsch wie alles negativ zu sehen. Man kann auch sagen: Hilf dir selbst, dann hilft Dir Gott. Das ist einfach gesagt, stimmt aber.

Kapitel 106

Zieh dich aus, kleine Maus, mach Dich nackig- „Naddel" Abd el Farrag

In einer Welt, wo wir alle käuflich sind, stellt sich die Frage Wie weit würdest Du gehen für eine Million?

Wie weit kannst Du gehen, ohne Deine Menschenwürde zu verlieren? Es gab mal den Betonvertreter, der das Wappen des Außendienstes zu wörtlich nahm (goldene Zunge auf eiserner Leber) und sich bei seinen Kunden die Aufträge tapfer ertrank. Oder den Weinvertreter, der bei jedem Kunden einen Schluck mittrank und bei fünf Terminen täglich noch mit dem Auto unterwegs war. Man kann mehr verdrängen, als man glaubt. Es ist aber nicht gesund. Also mach kaputt, was Dich kaputt macht. Und wenn man etwas Neues bekommt, sagt der türkische Volksmund: „Gebrauche es lachend."

Kapitel 107

Natur und Technik

Eigene Ängste auf Kunden projizieren (ohne von sich zu erzählen), z.B.: Ich bin krank, deswegen kann ich keine Absicherungen mehr ausführen. Alle meine Ängste kann ich in Bilder und Geschichten packen und den Kunden schwitzen lassen. Oder: Ich rege mich über etwas auf. Bis mein Gegenüber mich zum „Positiven Denken" mahnt. Der Mensch, der gerade noch dunkel war, möchte mich nun auf die helle Seite ziehen.

Eine Technik ist nur so gut, wie ihr Anwender, soll heißen: ich habe ein ganz tolles Autoradio - aber keine Musik.

Kapitel 108

Ein Dankeschön

Manches Mal ist es unsere Art Danke zu sagen, für eine Kundenbeziehung oder Empfehlung oder einfach so. Nun ist nicht jeder ein gut ausgebildeter Koch. Obwohl Sie mit diesem Crêpes-Rezept punkten können. Man nimmt eigens eine kleine Pfanne, worin nur Crêpes und Eierspeisen zubereitet werden. Ein wenig Teig in die gefettete Pfanne laufen lassen und die Ränder mit einem Pinsel bestreichen, damit sich die Crêpes löst. Nun können Sie süß oder deftig füllen (anbei die Information). Früher wurden Rezepte gehütet wie Schätze. Heute kann sie jeder aus dem Internet holen.

Französische Crêpes

Zutaten für 8Personen:
200g geschmolzene Butter
600g Mehl

8 Eier
4 EL Öl (kein Olivenöl)
800ml Milch
4 Prisen Salz

Mehl in eine große Schüssel sieben, eine Vertiefung in die Mitte drücken, Eier und Butter in die Vertiefung geben und mischen, bis eine regelmäßige „Paste" entsteht. Milch zufügen und rühren, bis ein gleichmäßiger Teig ohne Klümpchen entsteht. Öl und Salz dazugeben, 2 Stunden im Kühlschrank stehen lassen. In einer mit Butter ausgepinselten Pfanne hauchdünn backen. -Bon Appetit-

Märchenstunde

So richtig spontan ist man meist nur fünf Minuten nach einem Termin. Das soll heißen, oft fällt einem erst das richtige Argument ein. Wenn der Verkauf zu Ende -also vorbei ist. Auch Sprüche wie dieser gehören in das Reich der Märchen: „Sie kochen auch nur mit Wasser." sagt der Kunde.

Meine Antwort darauf: „Ja, aber unsere Herdplatte ist heißer." Ob dieser Schlagabtausch jemals real stattfand, ist fragwürdig. Als Trainer oder Buchautor hat man einen freien Kopf. Man kann also über etwas schreiben ohne irgendwie gebunden zu sein. Das heißt für den Verkäufer sowie Zuhörer, ein Verkaufsablauf kann ideal dargestellt werden. Und der Zuhörer fühlt sich dumm und klein. Weil er empfindsam, einfühlsam, ein guter Zuhörer ist. Das führt zu einer gestörten Wahrnehmung. Man darf sich an das Kapitel NLP erinnern. Weiterbildung ist richtig und wichtig. Man muss nur zwischen Information und Manipulation unterscheiden. Das liegt nicht immer im Sinn des Trainers. Mit all dem möchte ich sagen: "Bleib Locker." Natur-Stoned.

Mit Hochachtung

Alexander Ramrath

Schlusswort

Danke, dass Sie diese lange Reise mit uns gegangen sind. Alles umzusetzen gelingt selbst mir nicht, der ich dieses Buch geschrieben habe. Weniger Fehler zu machen, weniger Papier zu verbrauchen schon. Zwänge und Abläufe bringen einen gerne mal Durcheinander. Deswegen seien Sie bitte nicht so ungeduldig mit sich selbst. Sie sind auf einem guten Weg.

Und nun frei nach den Muppets:

„Verkaufen, Verkaufen, Verkaufen."

Suchen Sie im Internet nach dem Video der Muppets „Das letzte Wort".

Danke hier für das Kompensieren meiner Schwächen als Geschäftspartner an meine Ehefrau und Muse Ayfer Canan Ramrath. Und allen schöne Jahrzehnte, so dass wir sie entspannt leben können.

Das Münsteraner Buch

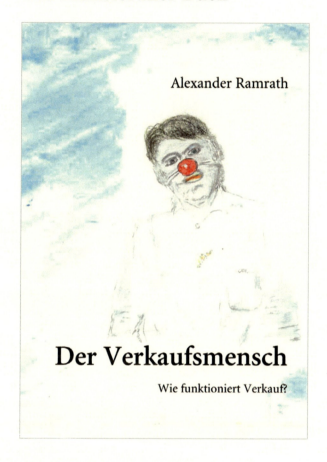

„Der Verkaufsmensch"

ISBN 978-3-86386-050-9

www.der-verkaufsmensch.de

E-Mail-Adresse: aramrath-fd.de